KU-216-111

CURSO
DE ESPAÑOL
PARA
EXTRANJEROS

Libro
del alumno

Virgilio Borobio

www.sm-ele.com

Autor
Virgilio Borobio
Ramón Palencia

Edición
Alejandro García-Caro García
Marisol Yago Toledano
Marta Oliveira Ramírez

Corrección
Departamento de corrección de SM

Asesoramiento lingüístico
Eduardo Vallejo

Traducción del glosario
Cristina Díez Pampliega (alemán), Bakun (inglés), Anne-Elisabeth Treffot (francés), Ibercentro: Simone Nascimento Campos y Mary Jane de Santana Gomes (portugués)

Ilustración
Julio Sánchez

Cartografía
Estudio SM

Fotografía
Javier Calbet, Sonsoles Prada, María Pía Hidalgo, Fidel Puerta, Sergio Cuesta, Juan Baraja, Yolanda Álvarez/Archivo SM; C. Y F. Martín; J. M. Ruiz; Olimpia Torres; Luis Agromayor; Javier Jaime; Montse Fontich; Andrés Hernández Zuazo; Albert Heras/PRISMA; Kevin Petersen, Mickael David, Ryan McVay/PHOTODISC; S. Gutiérrez/PHOTONONSTOP; Rodrigo Torres/GLOWIMAGES; Nexus7, Robyn McKenzie, Andy Porter, Morten Elm, Jason Stitt, Galyna Andrushko, Mypix, Feng Yu/DREAMSTIME.COM; Luca di Filippo, Karim Hesham/iSTOCKPHOTO.COM; Antonio Real/AGE FOTOSTOCK; BETTMAN–CORBIS/CORDON PRESS; COMSTOCK IMAGES/GETTY IMAGES; PHOVOIR; ILLUSTRATED LONDON NEWS; EFE; LATINSTOCK; DIGITAL VISION; FANCY; ENCICLOPEDIA CATALANA; INGRAM; ABLESTOCK.COM; INGIMAGE; THINKSTOCK; IMAGE SOURCE; ORANGESTOCK; 123RF; STOCKBYTE; WIKIPEDIA

Grabación
Rec Division

Edición gráfica
Fidel Puerta Flores

Diseño de cubierta e interiores
Estudio SM

Maquetación
Grupo Kunzzo, S. L.

Coordinación técnica y de diseño
Mario Dequel

Coordinación editorial
Cristina Campo García

Dirección del proyecto
Pilar García García

Datos de comercialización

Para el extranjero:
Grupo Editorial SM Internacional
Impresores, 2 Urb. Prado del Espino
28660 Boadilla del Monte – Madrid (España)
Teléfono: (34) 91 422 88 00
Fax: (34) 91 422 61 09
internacional@grupo-sm.com

Para España:
Cesma, S. A.
Joaquín Turina, 39
28044 Madrid
Teléfono: 902 12 13 23
Fax: 902 24 12 22
clientes@grupo-sm.com

www.sm-ele.com
ISBN: 978-84-675-4747-4
Depósito legal: M-25173-2012
Impreso en la UE / *Printed in EU*

Introducción

ELE ACTUAL A2 es un curso comunicativo de español dirigido a estudiantes adolescentes y adultos que cubre el nivel A2 establecido por el *Marco común europeo de referencia para las lenguas* y está adaptado al *Plan curricular del Instituto Cervantes*. Se trata de un curso centrado en el alumno, que permite al profesor ser flexible y adaptar el trabajo del aula a las necesidades, condiciones y características de los estudiantes.

Se apoya en una metodología motivadora y variada, de contrastada validez, que fomenta la implicación del alumno en el uso creativo de la lengua a lo largo de su proceso de aprendizaje. Sus autores han puesto el máximo cuidado en la secuenciación de las diferentes actividades y tareas que conforman cada lección.

Tanto en el Libro del alumno como en el Cuaderno de ejercicios se ofrecen unas propuestas didácticas que facilitan el aprendizaje del estudiante y lo sitúan en condiciones de abordar con garantías de éxito situaciones de uso de la lengua, así como cualquier prueba oficial propia del nivel al que **Ele Actual A2** va dirigido (DELE, escuelas oficiales de idiomas, titulaciones oficiales locales, etc.).

El Libro del alumno está estructurado en tres bloques, cada uno de ellos formado por cinco lecciones más otra de repaso. Las lecciones giran en torno a uno o varios temas relacionados entre sí.

En la sección ***Descubre España y América Latina***, se tratan aspectos variados relacionados con los contenidos temáticos o lingüísticos de la lección. Las actividades propuestas permiten abordar y ampliar aspectos socioculturales de España y América Latina, complementan la base sociocultural aportada por el curso y posibilitan una práctica lingüística adicional.

Todas las lecciones presentan el cuadro ***Recuerda,*** donde se recapitulan las funciones comunicativas tratadas en ellas, con sus correspondientes exponentes lingüísticos y contenidos gramaticales.

Cada lección concluye con la sección ***Materiales complementarios***, en la cual se ponen a disposición de alumnos y profesores más propuestas didácticas destinadas a la práctica adicional y opcional de las destrezas y de los contenidos lingüísticos y funcionales. Han sido concebidas para dar una respuesta más flexible a las necesidades específicas de los alumnos y dotar de más variedad al curso. Su inclusión en el manual contribuye a enriquecer el repertorio de técnicas de enseñanza empleadas por el docente.

Al final del libro se incluyen un resumen de todos los contenidos gramaticales (***Resumen gramatical***) y un **glosario del vocabulario productivo** del curso ordenado por lecciones y traducido a varios idiomas.

Así es este libro

Presentación

Al comienzo de cada lección se especifican los objetivos comunicativos que se van a trabajar. La presentación de los contenidos temáticos, lingüísticos (gramática, vocabulario y fonética) y funcionales se realiza con el apoyo de los documentos y técnicas más adecuados a cada caso. En las diferentes lecciones se alternan diversos tipos de textos, muestras de lengua, diálogos, fotografías, ilustraciones, cómics, etc. La activación de conocimientos previos y el desarrollo del interés de los alumnos por el tema son objetivos que también se contemplan en esta fase inicial.

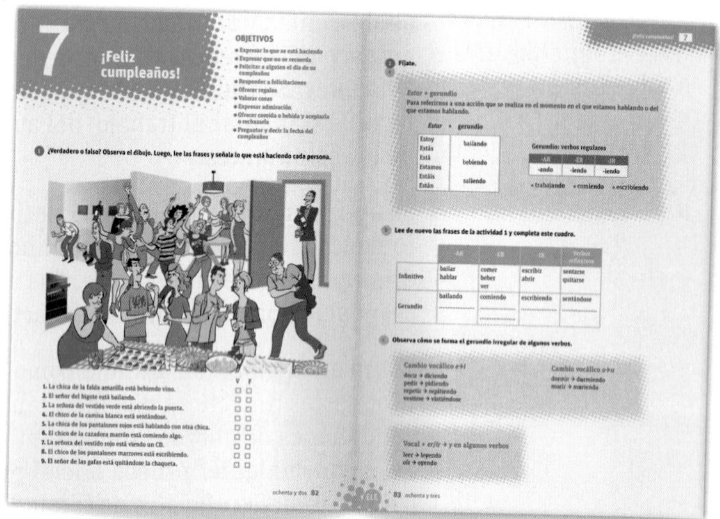

Práctica de contenidos

A continuación, se incluye una amplia gama de actividades significativas y motivadoras mediante las cuales el alumno va asimilando de forma progresiva los contenidos lingüísticos y funcionales necesarios para alcanzar los objetivos de la lección. Muchas de ellas son de carácter cooperativo y todas han sido graduadas de acuerdo con las demandas cognitivas y de actuación que plantean al alumno.

Estas actividades permiten:

- La práctica lingüística.
- La aplicación, el desarrollo y la integración de las diferentes destrezas lingüísticas (comprensión auditiva, expresión oral, interacción oral, comprensión lectora y expresión escrita).
- La aplicación y el desarrollo de estrategias de comunicación.
- El desarrollo de la autonomía del alumno.

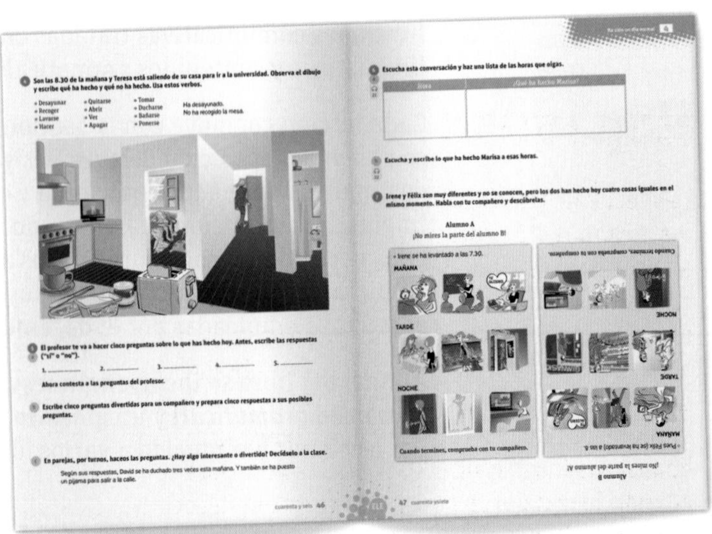

Contenidos socioculturales

La integración de contenidos temáticos y lingüísticos hace posible que el alumno pueda aprender la lengua al mismo tiempo que asimila unos conocimientos sobre diversos aspectos socioculturales de España y América Latina. Las tareas incluidas contribuyen también a aumentar el interés por los temas seleccionados y al desarrollo de la conciencia intercultural, esto es, a la formación en el conocimiento, comprensión, aceptación y respeto de los valores y estilos de vida de las diferentes culturas.

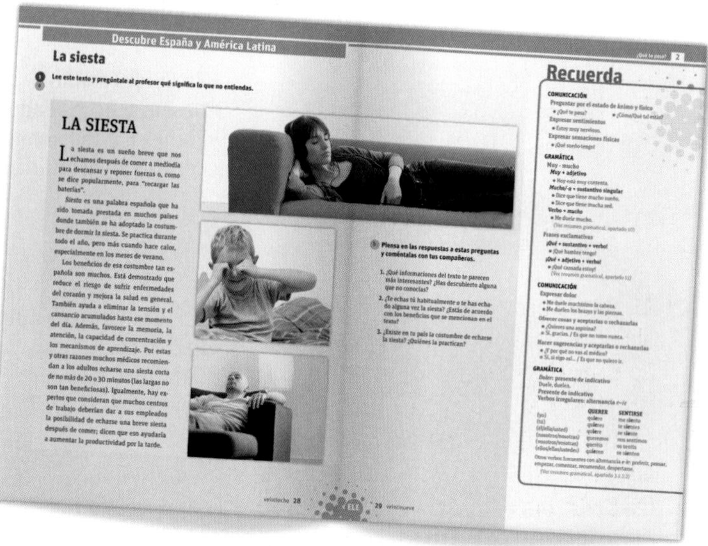

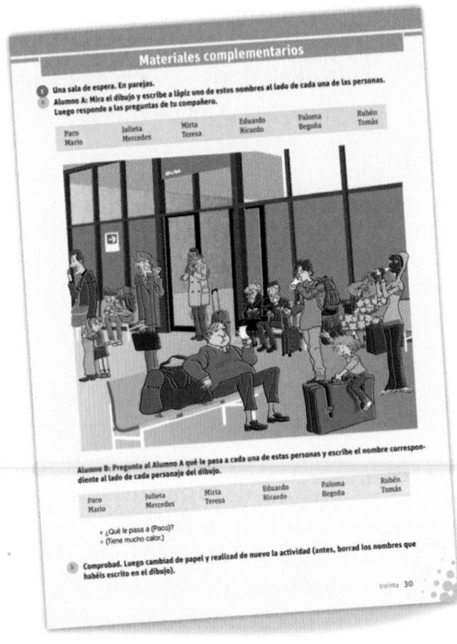

Materiales complementarios

Las propuestas didácticas incluidas en la sección ***Materiales complementarios*** constituyen un auténtico banco de actividades extra. Aportan más variedad, innovación y calidad didáctica al programa, ayudan a centrar más el curso en el alumno y facilitan la flexibilidad del profesor, quien podrá decidir cuál es la actividad adecuada y el momento apropiado para realizarla una vez que haya detectado ciertas necesidades específicas de sus alumnos.

Repasos

Las lecciones de repaso ponen a disposición de los alumnos y del profesor materiales destinados a la revisión y el refuerzo de contenidos tratados en las cinco lecciones precedentes. Dado que el objetivo fundamental de estas lecciones es la activación de contenidos para que el alumno siga reteniéndolos en su repertorio lingüístico, el profesor puede proponer la realización de determinadas actividades incluidas en ellas cuando lo considere conveniente, aunque eso implique alterar el orden en que aparecen en el libro, y así satisfacer las necesidades reales del alumno.

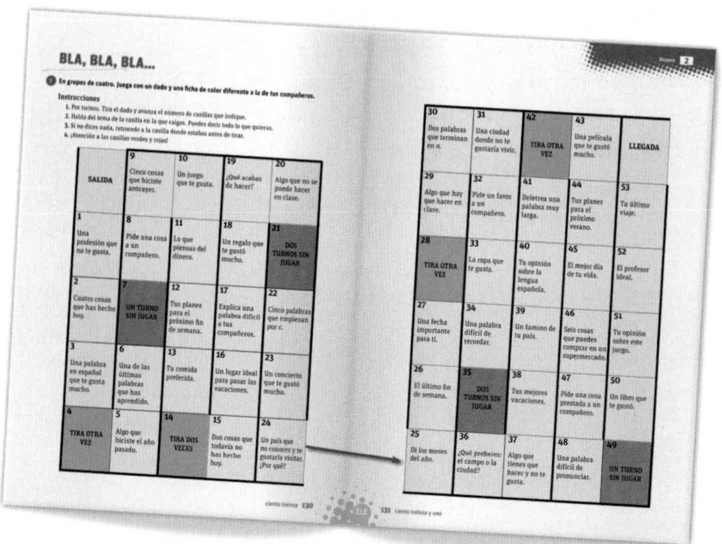

Contenidos del libro

	TEMAS Y VOCABULARIO	OBJETIVOS COMUNICATIVOS
1 UN NUEVO CURSO	• Estudiar español • Deseos y necesidades • Planes e intenciones • Certeza y posibilidad	• Expresar deseos • Expresar obligación y necesidad • Expresar planes e intenciones • Expresar certeza y evidencia • Expresar posibilidad
2 ¿QUÉ TE PASA?	• Estados físicos y anímicos • Partes del cuerpo • Enfermedades • Remedios	• Preguntar por el estado de ánimo y físico • Expresar sentimientos • Expresar sensaciones físicas • Expresar dolor • Ofrecer cosas y aceptarlas o rechazarlas • Hacer sugerencias y aceptarlas o rechazarlas
3 COMIDAS	• La compra • Alimentos • En un restaurante	• Pedir productos alimenticios en una tienda • Preguntar el precio de un determinado producto • Pedir algo en un restaurante • Solicitar un servicio en un restaurante • Dirigirse a alguien
4 HA SIDO UN DÍA NORMAL	• Hechos recientes • Disculpas • Excusas	• Hablar de lo que se ha hecho recientemente • Disculparse • Poner excusas • Tranquilizar a alguien
5 EXPERIENCIAS Y OPINIONES	• Experiencias personales • Estudiar una lengua extranjera	• Hablar de experiencias personales • Hablar de lo que ya se ha hecho • Hablar de lo que todavía no se ha hecho • Expresar opiniones • Expresar acuerdo • Expresar desacuerdo • Presentar un contraargumento
REPASO 1	Lecciones 1-2-3-4-5	
6 ROPA Y COMPLEMENTOS	• Ropa • De compras	• Decir qué ropa lleva otra persona • Hacer comparaciones • Comprar un artículo en una tienda de ropa • Expresar deseos • Pedir permiso • Dar permiso
7 ¡FELIZ CUMPLEAÑOS!	• Una fiesta de cumpleaños • Felicitaciones • Regalos • Comidas y bebidas	• Expresar lo que se está haciendo • Expresar que no se recuerda • Felicitar a alguien el día de su cumpleaños • Responder a felicitaciones • Ofrecer regalos • Valorar cosas • Expresar admiración • Ofrecer comida o bebida y aceptarla o rechazarla • Preguntar y decir la fecha del cumpleaños

1 Un nuevo curso

OBJETIVOS

- Expresar deseos
- Expresar obligación y necesidad
- Expresar planes e intenciones
- Expresar certeza y evidencia
- Expresar posibilidad

Deseos y necesidades

1 Lee lo que dicen estos estudiantes de español y pregúntale al profesor qué significa lo que no entiendas.

Akiko, Japón.

"Cuando hablo español, **quiero elegir** bien las palabras y, claro, hablo muy despacio. **Necesito hablar** mucho en clase para conseguir hablar más rápido, con más fluidez".

"**Yo necesito practicar** mucho lo que aprendo, **tengo que practicarlo** mucho para no olvidarlo. Si no practico, olvido muchas cosas".

Jenny, Inglaterra.

"**A mí me gustaría entender** más cuando escucho español. Tengo bastantes problemas de comprensión y **necesito escuchar** mucho español, **necesito escuchar** muchas grabaciones en clase y por mi cuenta".

Nick, Australia.

Bart, Bélgica.

"A mí me interesa mucho la gramática, creo que es muy importante para hablar bien. **Yo tengo que aprender** mucha gramática para poder hablar bien, sin cometer muchos errores".

Gala, Rusia.

"**A mí me gustaría aprender** mucho vocabulario porque si sé más palabras, puedo decir más cosas, puedo comunicarme más".

"**Yo quiero mejorar** mi pronunciación en español, por eso **necesito hacer** ejercicios de pronunciación en clase. A veces no me entiende la gente cuando hablo porque pronuncio mal las palabras".

Evelyne, Austria.

2 Fíjate.

a

Para expresar deseos	**Para expresar necesidad de manera personal**
Querer + infinitivo	*Tener que* + infinitivo
• **Quiero aprender** mucho vocabulario.	• **Tengo que aprender** mucha gramática.
(A mí) Me gustaría + infinitivo	*Necesitar* + infinitivo
• **A mí me gustaría hablar** con fluidez, a velocidad normal.	• **Necesito escuchar** mucho español.

b ¿Qué deseos o necesidades de la actividad 1 tienes tú también? Díselo a tu compañero.

Yo también quiero mejorar mi pronunciación, también tengo que practicar mucho lo que aprendo para no olvidarlo, también necesito hablar mucho en clase. A mí también me gustaría aprender mucho vocabulario...

3 **Lee de nuevo lo que dicen esos estudiantes y escribe las respuestas.**

¿Qué hay que hacer para...

... poder expresar más ideas?

... poder comprender más a los españoles cuando hablan?

... conseguir una buena pronunciación?

... no olvidar lo que se estudia?

... poder hablar a velocidad normal?

... poder expresarse más correctamente?

Para poder expresar más ideas hay que aprender mucho vocabulario.

Para expresar necesidad de manera impersonal

Hay que + infinitivo

- Para hablar bien **hay que practicar** mucho.

4 **Escucha a dos amigos, Roberto y Marisa, hablando sobre sus problemas para aprender chino. Anota sus problemas o deseos y las medidas necesarias.**

1|1

Problemas/deseos	Medidas
Roberto 1. 2.	Roberto 1. 2.
Marisa 1.	Marisa 1.

5 **a** **Juego en cadena. En grupos de cuatro. Por turnos, un alumno dice una cosa que hay que hacer para aprender español. El compañero de la derecha repite todo lo que ha oído y añade otra cosa que hay que hacer. El juego termina cuando un alumno no repite todo correctamente o no añade otra frase correcta.**

b **¿Qué grupo ha encadenado más frases?**

Planes e intenciones

6 a **Asegúrate de que entiendes esta lista de buenas intenciones que ha escrito una estudiante al principio del curso.**

ESTE CURSO VOY A...

... repasar el vocabulario y la gramática con frecuencia.
... hablar mucho en clase.
... mantener diálogos imaginarios en casa conmigo misma para practicar.
... leer en español por mi cuenta.
... elegir las palabras más difíciles para escribir y decir frases con ellas.
... hacer los deberes todos los días.
... estudiar mucho.
... escuchar grabaciones y canciones en español por mi cuenta.
... buscar información en español en internet.
... chatear en español con otros estudiantes.
... hacer un intercambio lingüístico con una persona española o latinoamericana.

Estrategias de aprendizaje

b **¿Cuáles de esas cosas te parecen útiles para aprender español y no las has hecho nunca?**

Creo que mantener diálogos imaginarios conmigo mismo es muy útil para practicar, porque no conozco a nativos y no puedo hablar con ellos.

c **Intenta hacer tú esas cosas para ver si te dan resultado.**

7 **Escucha a dos compañeros de una clase de inglés, Clara y Manuel, hablar de sus planes para el curso. Marca las actividades de la lista de buenas intenciones de 6a que mencione cada uno.**

1|2

8 **Piensa en tus necesidades para aprender español y escribe tu propia lista de buenas intenciones para el curso que empieza.**

ESTE CURSO VOY A...

... practicar mucho en clase.
... estudiar mucho por mi cuenta.
...

Voy a comprar

9 **Fíjate.**

***Ir a* + infinitivo**

Con *ir a* + infinitivo también podemos usar estas referencias temporales.

mañana	este verano/invierno/...
pasado mañana	la semana que viene = la próxima semana
el domingo/lunes/...	el mes que viene = el próximo mes
este fin de semana	el año que viene = el próximo año
esta semana	en Navidades/Semana Santa/...
este mes/trimestre/año	en julio/agosto/...

• Este fin de semana voy a hacer senderismo.

10 **Habla con tus compañeros y escribe en cada caso el nombre de uno de ellos.**

¿Quién...
... va a salir con algún amigo esta noche?
... va a tener un examen la próxima semana?
... va a enviar un correo electrónico en español este mes?
... va a hacer una excursión el mes que viene?
... va a chatear pasado mañana?
... no va a hacer hoy los deberes?
... va a visitar este año algún lugar que no conoce todavía?
... va a comprar algo por internet el mes que viene?

• ¿Vas a salir con algún amigo esta noche?
○ Sí. / No. / No sé. / No lo sé todavía. ¿Y tú?
• (Pues) Yo...

Certeza y posibilidad

11 **Asegúrate de que entiendes todo.**

a

b **Pregúntale al profesor qué significan estas palabras y expresiones que sirven para expresar certeza y posibilidad. Luego tradúcelas a tu lengua.**

• (Estoy seguro/-a de que) Sí.
• (Estoy seguro/-a de que) No.
• Es probable.
• Es posible.
• Puede ser.
• Quizá(s).

12 a (audio 1|3) **Escucha unas conversaciones e identifica las situaciones de las que hablan.**

b (audio 1|4) **Vuelve a escuchar y anota el grado de probabilidad que tienen de hacer las actividades mencionadas.**

	Grado de probabilidad
Diálogo 1	Quizás
Diálogo 2	
Diálogo 3	
Diálogo 4	
Diálogo 5	
Diálogo 6	

13 a ¿Crees que tu compañero va a hacer estas cosas la próxima semana? Márcalo en la columna correspondiente.

	(Estoy seguro/-a de que) Sí	Es probable	Es posible/ Puede ser	Quizá(s)	(Estoy seguro/-a de que) No
1. Navegar por la red todos los días.					
2. Montar en bicicleta.					
3. Tomar un avión.					
4. Ver algún programa deportivo en la televisión.					
5. Recibir algún correo electrónico en español.					
6. No venir a clase algún día.					
7. Ir a la piscina.					
8. Repasar todos los días lo estudiado en clase.					
9. Escuchar alguna canción española o latinoamericana.					
10. Hablar con algún hispanohablante fuera de clase.					

b Pregúntale a tu compañero y comprueba.

- ¿Vas a navegar por la red todos los días?
- (Estoy seguro/-a de que) Sí.
  Sí, es probable.
  Sí, es posible.
  Sí, puede ser.
  Sí, quizá(s).
  (Estoy seguro/-a de que) No.

c ¿Quién tiene más aciertos?

Un cómic en español

1 **Lee esta historieta y pregunta al profesor lo que no entiendas.**

2 a En grupos de tres. Responded a las preguntas.

- ¿Qué creéis que va a pasar? ¿Qué va a hacer Juanita? ¿Y Jacinto?
- ¿Cómo creéis que continúa la historieta? Escribidlo.

EL VIAJE DE NEGOCIOS... Continuación

- Yo estoy segura de que Jacinto...
- ○ Sí, es probable, porque... Y creo que Juanita...
- ■ ¡Sí, puede ser, pero...

b Contad a la clase lo que habéis escrito.

Nosotros estamos seguros de que Jacinto va a... y creemos que Juanita va a...

3 Pedid al profesor la continuación de la historieta y comparadla con la vuestra.

4 Ahora decidid qué grupo se ha imaginado una historia más parecida a la original.

Recuerda

COMUNICACIÓN

Expresar deseos

- Yo quiero aprender mucho vocabulario.
- (A mí) Me gustaría ir a España a estudiar español.

GRAMÁTICA

Querer + infinitivo

Me/te/le/nos/os/les gustaría + infinitivo

(Ver resumen gramatical, apartado 21)

COMUNICACIÓN

Expresar obligación y necesidad

- Esta semana tengo que estudiar mucho.
- Para hablar bien hay que practicar mucho.
- Para mejorar mi pronunciación necesito hacer ejercicios de pronunciación en clase.

GRAMÁTICA

Tener que + infinitivo

Hay que + infinitivo

Necesitar + infinitivo

(Ver resumen gramatical, apartado 16)

COMUNICACIÓN

Expresar planes e intenciones

- Este año voy a trabajar mucho.

GRAMÁTICA

Ir a + infinitivo

(Ver resumen gramatical, apartado 15)

COMUNICACIÓN

Expresar certeza y evidencia

- Estoy segura de que voy a aprobar ese examen.
- Sé que mañana vas a ir a la piscina.

GRAMÁTICA

Estar seguro/-a de + que

Saber + que

(Ver resumen gramatical, apartado 22)

COMUNICACIÓN

Expresar posibilidad

- ¿Vas a salir mañana por la noche?
- ○ Sí, es probable. ¿Y tú?
- Quizás, pero no lo sé todavía.

GRAMÁTICA

Es probable, es posible, puede ser, quizá(s)

(Ver resumen gramatical, apartado 23)

Materiales complementarios

1 **El mes que viene te vas a ir de vacaciones a uno de estos lugares. Diles a tus compañeros qué hay que hacer para ir, qué quieres –o te gustaría– hacer y qué vas a hacer allí. Ellos te pueden hacer preguntas para adivinar qué lugar es.**

Para ir allí hay que...

2 a **Ocho preguntas sobre la lengua española. Lee estas preguntas y asegúrate de que las entiendes.**

1. ¿Sabes en cuántos países es lengua oficial el español?
2. ¿Cuántas personas lo usan como lengua materna?
3. ¿Y para cuántas es su segundo idioma?
4. ¿Cuál es el país con más hablantes de español como lengua materna?
5. ¿Crees que actualmente hay más interés por el español en el mundo?
6. ¿De qué lengua procede el español?
7. ¿Puedes decir alguna palabra española "exportada" a otras lenguas?
8. ¿Cuál crees que es la letra más utilizada en español?

b **Piensa en las posibles respuestas.**

c **Lee y comprueba. Puedes usar el diccionario.**

A El español, o castellano, es el idioma oficial en 21 países (19 de América Latina, Guinea Ecuatorial en África, y España). Es la primera lengua de unos 400 millones de personas.

B En el mundo existen más de 100 millones de hombres y mujeres que hablan español como segunda lengua. Además, es el segundo idioma más utilizado como lengua de comunicación internacional; el primero es el inglés.

C México, con cerca de 120 millones de personas, es la nación hispanohablante que tiene más habitantes y su población aumenta mucho cada año.

D El uso del español aumenta continuamente en los cinco continentes y en las últimas décadas se ha multiplicado la demanda de cursos de español.

E El español viene del latín, hablado en la antigua Roma; por eso se dice que es una lengua románica. Su gramática, su vocabulario y su fonética son de origen latino.

F La lengua de Cervantes ha prestado palabras a otros idiomas. *Fiesta*, *siesta* o *paella* son algunas de ellas y se utilizan en muchas partes del mundo.

G La vocal *a* es la letra que más se usa en español. Su frecuencia es del 13,70 %. Y la consonante más frecuente es la *s*, con un 8 %.

d **¿Qué informaciones te parecen más curiosas o interesantes? Coméntalas con tus compañeros.**

Una información interesante es que el español...

2 ¿Qué te pasa?

OBJETIVOS

- Preguntar por el estado de ánimo y físico
- Expresar sentimientos
- Expresar sensaciones físicas
- Expresar dolor
- Ofrecer cosas y aceptarlas o rechazarlas
- Hacer sugerencias y aceptarlas o rechazarlas

1 **Completa las frases con las palabras del recuadro. Puedes usar el diccionario.**

• cansado/-a	• calor	• sed	• preocupado/-a	• hambre	• nervioso/-a	
• enfermo/-a	• triste	• sueño	• contento/-a	• frío	• miedo	• enfadado/-a

1 
Está ....

2 
Está ....

3 
Tiene ....

4 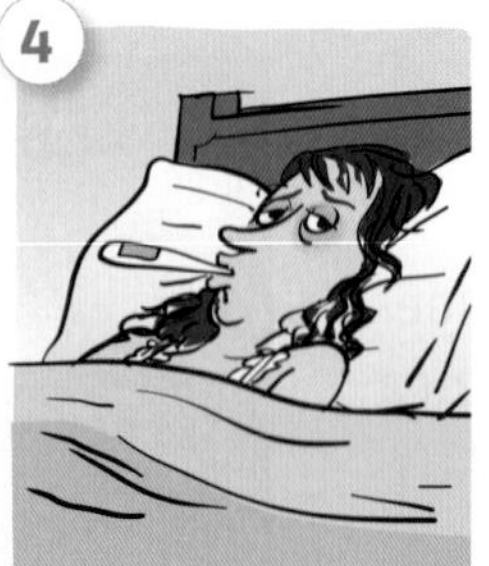
Está ....

5 
Está ....

6 

Tiene ....

7 
Tiene ....

8 
Está ....

9 
Está ....

10 
Tiene ....

11 
Está ....

12 
Tiene ....

13 
Tiene ....

2 **Escucha estas palabras y escríbelas en la columna correspondiente.**

1|5

Estar	Tener
enfermo	hambre

3 **Elige una palabra de la actividad 1 y haz mimo. ¿Sabe tu compañero qué te pasa?**

4 **a** **Observa estos dibujos.**

b **Intenta decir las frases de los dibujos.**

c **Escucha y comprueba.**

1|6

5 Fíjate.

Para expresar sensaciones físicas y estados de ánimo

Positivo		
• ¡Qué calor tengo! • ¡Qué contento estoy!		
• Estoy	muy un poco	cansada.

→ ○ Yo también.
○ (¿Sí? Pues) Yo no.

Negativo
• No tengo nada de sueño. • No estoy nada cansada.

→ ○ Yo tampoco.
○ (¿No? Pues) Yo sí.

6 ¿Verdadero o falso? Escucha las siguientes conversaciones y márcalo.

1|7

1

	V	F
1. El chico está muy nervioso.	☐	☐
2. La chica no está muy nerviosa.	☐	☐

2

	V	F
1. La señora tiene mucha hambre.	☐	☐
2. El señor no tiene mucha hambre.	☐	☐

3

	V	F
1. La chica no tiene mucha sed.	☐	☐
2. El chico tiene mucha sed.	☐	☐

4

	V	F
1. El señor está muy preocupado.	☐	☐
2. La señora no está muy preocupada.	☐	☐

7 Y tú, ¿cómo te sientes? Comenta tus sensaciones sobre los siguientes aspectos con un compañero.

tener: hambre/sed/frío/calor/sueño/miedo
estar: cansado-a/preocupado-a/nervioso-a/enfermo-a/triste/contento-a/enfadado-a

El cuerpo humano

8 **Ayuda a esta niña a escribir los nombres de las partes del cuerpo.**

9 **Pepe dice... De pie, escucha las instrucciones y actúa. Haz lo que dice el profesor solo cuando sus instrucciones empiecen por "Pepe dice...".**

10 Escribe qué le pasa a cada una de estas personas.

- Le duele el estómago.
- Le duelen las muelas.
- Le duele la cabeza.
- Tiene fiebre.
- Está resfriado.

1 → Le duelen las muelas.

11 Fíjate.

Para preguntar y expresar cómo se siente alguien

- ¿Cómo estás / te sientes?
- (Estoy / Me siento) Bien/mal/regular.

<table>
<tr><td rowspan="2">Me
Te
Le
Nos
Os
Les</td><td>duele</td><td>la cabeza.
el estómago.
la espalda.
la garganta.</td></tr>
<tr><td>duelen</td><td>las muelas.
los oídos.
los ojos.</td></tr>
</table>

<table>
<tr><td>Estoy
Estás
...</td><td colspan="2">enfermo.
resfriado.</td></tr>
<tr><td rowspan="2">Tengo
Tienes
...</td><td colspan="2">fiebre.
tos.
gripe.
alergia.</td></tr>
<tr><td>dolor de</td><td>cabeza.
muelas.</td></tr>
</table>

Fonética

12 a **Escucha y lee.**

1|8

- ¿Qué te pasa? ¿No te encuentras bien?
- Me duele muchísimo la cabeza.
- ¿Quieres una aspirina?
- Es que no tomo nunca.
- ¿Y por qué no vas al médico?
- Sí, si sigo así...

b **Escucha y repite.**

1|9

13 **En parejas, descubrid para qué son estos remedios.**

(darse) un masaje | descansar | hacer gimnasia

(tomarse) una aspirina / un vaso de leche con coñac / un calmante / una manzanilla / algo caliente / una pastilla

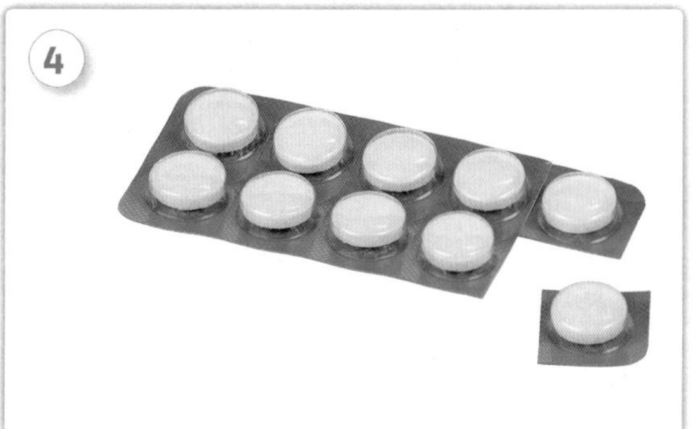

14 Fíjate.

Ofrecimientos y sugerencias

OFRECIMIENTOS

• ¿Quieres	una aspirina? un vaso de leche con coñac?
• ¿Te doy un masaje?	

Aceptar	Rechazar
○ Sí, gracias. Vale.	○ (No.) Es que no tomo nunca. ○ Es que no me gusta el coñac.

SUGERENCIAS

• ¿Por qué no te tomas	una aspirina? un vaso de leche con coñac?
• ¿Por qué no te vas a la cama?	

Aceptar	Rechazar	
○ Sí, (si sigo así...) ○ Sí, gracias.	○ Es que no quiero	tomar nada. irme a la cama.

15 Escucha los siguientes diálogos y completa el cuadro.

1|10

	¿Qué le pasa?	¿Qué le ofrecen/sugieren?	¿Acepta?
1.			
2.			
3.			
4.			
5.			

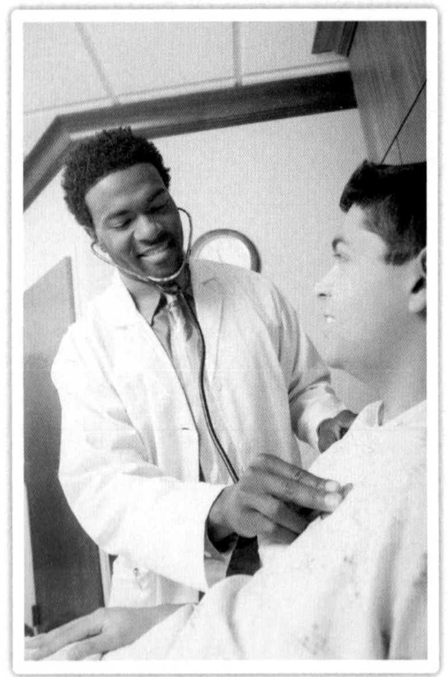

16 **En parejas. Imagina que no te encuentras bien. Tu compañero te va a preguntar qué te pasa y te va a ofrecer o sugerir cosas. Puedes aceptar o rechazar.**

Podéis empezar así:

- ¿Qué te pasa? ¿No te encuentras bien?
- ...

La siesta

1 a **Lee este texto y pregúntale al profesor qué significa lo que no entiendas.**

LA SIESTA

La siesta es un sueño breve que nos echamos después de comer a mediodía para descansar y reponer fuerzas o, como se dice popularmente, para "recargar las baterías".

Siesta es una palabra española que ha sido tomada prestada en muchos países donde también se ha adoptado la costumbre de dormir la siesta. Se practica durante todo el año, pero más cuando hace calor, especialmente en los meses de verano.

Los beneficios de esa costumbre tan española son muchos. Está demostrado que reduce el riesgo de sufrir enfermedades del corazón y mejora la salud en general. También ayuda a eliminar la tensión y el cansancio acumulados hasta ese momento del día. Además, favorece la memoria, la atención, la capacidad de concentración y los mecanismos de aprendizaje. Por estas y otras razones muchos médicos recomiendan a los adultos echarse una siesta corta de no más de 20 o 30 minutos (las largas no son tan beneficiosas). Igualmente, hay expertos que consideran que muchos centros de trabajo deberían dar a sus empleados la posibilidad de echarse una breve siesta después de comer; dicen que eso ayudaría a aumentar la productividad por la tarde.

b **Piensa en las respuestas a estas preguntas y coméntalas con tus compañeros.**

1. ¿Qué informaciones del texto te parecen más interesantes? ¿Has descubierto alguna que no conocías?
2. ¿Te echas tú habitualmente o te has echado alguna vez la siesta? ¿Estás de acuerdo con los beneficios que se mencionan en el texto?
3. ¿Existe en tu país la costumbre de echarse la siesta? ¿Quiénes la practican?

Recuerda

COMUNICACIÓN

Preguntar por el estado de ánimo y físico

- ¿Qué te pasa?
- ¿Cómo/Qué tal estás?

Expresar sentimientos

- Estoy muy nervioso.

Expresar sensaciones físicas

- ¡Qué sueño tengo!

GRAMÁTICA

Muy - mucho

***Muy* + adjetivo**

- Hoy está muy contenta.

***Mucho/-a* + sustantivo singular**

- Dice que tiene mucho sueño.
- Dice que tiene mucha sed.

Verbo + *mucho*

- Me duele mucho.

(Ver resumen gramatical, apartado 10)

Frases exclamativas

¡*Qué* + sustantivo + verbo!

- ¡Qué hambre tengo!

¡*Qué* + adjetivo + verbo!

- ¡Qué cansada estoy!

(Ver resumen gramatical, apartado 11)

COMUNICACIÓN

Expresar dolor

- Me duele muchísimo la cabeza.
- Me duelen los brazos y las piernas.

Ofrecer cosas y aceptarlas o rechazarlas

- ¿Quieres una aspirina?
- ○ Sí, gracias. / Es que no tomo nunca.

Hacer sugerencias y aceptarlas o rechazarlas

- ¿Y por qué no vas al médico?
- ○ Sí, si sigo así... / Es que no quiero ir.

GRAMÁTICA

Doler: presente de indicativo

Duele, duelen.

Presente de indicativo

Verbos irregulares: alternancia *e–ie*

	QUERER	SENTIRSE
(yo)	qu**ie**ro	me s**ie**nto
(tú)	qu**ie**res	te s**ie**ntes
(él/ella/usted)	qu**ie**re	se s**ie**nte
(nosotros/nosotras)	queremos	nos sentimos
(vosotros/vosotras)	queréis	os sentís
(ellos/ellas/ustedes)	qu**ie**ren	se s**ie**nten

Otros verbos frecuentes con alternancia *e-ie*: preferir, pensar, empezar, comenzar, recomendar, despertarse.

(Ver resumen gramatical, apartado 3.1.2.2)

1 Una sala de espera. En parejas.

a Alumno A: Mira el dibujo y escribe a lápiz uno de estos nombres al lado de cada una de las personas. Luego responde a las preguntas de tu compañero.

Paco	Julieta	Mirta	Eduardo	Paloma	Rubén
Mario	Mercedes	Teresa	Ricardo	Begoña	Tomás

Alumno B: Pregunta al Alumno A qué le pasa a cada una de estas personas y escribe el nombre correspondiente al lado de cada personaje del dibujo.

Paco	Julieta	Mirta	Eduardo	Paloma	Rubén
Mario	Mercedes	Teresa	Ricardo	Begoña	Tomás

- ¿Qué le pasa a (Paco)?
- (Tiene mucho calor.)

b Comprobad. Luego cambiad de papel y realizad de nuevo la actividad (antes, borrad los nombres que habéis escrito en el dibujo).

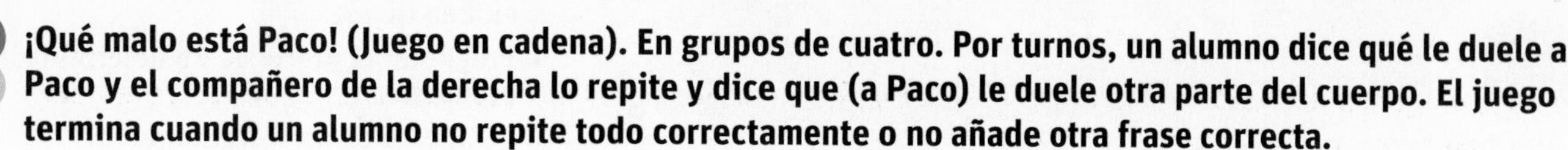

2 a ¡Qué malo está Paco! (Juego en cadena). En grupos de cuatro. Por turnos, un alumno dice qué le duele a Paco y el compañero de la derecha lo repite y dice que (a Paco) le duele otra parte del cuerpo. El juego termina cuando un alumno no repite todo correctamente o no añade otra frase correcta.

Alumno A: A Paco le duele la cabeza.
Alumno B: A Paco le duele la cabeza y le duelen los pies.
Alumno C: ...

b ¿Qué grupo ha encadenado más frases?

3 a Tu ritmo de vida. Lee estas frases y asegúrate de que las entiendes.

	Sí	No
1. ¿Crees que duermes menos de lo que necesitas?		
2. ¿Te despiertas fácilmente por la noche?		
3. Cuando te despiertas por la noche, ¿tienes problemas para volver a dormirte?		
4. ¿Tienes a menudo la sensación de estar cansado sin motivo?		
5. ¿Te enfadas fácilmente?		
6. ¿Crees que te preocupas demasiado por las cosas?		
7. ¿Piensas que normalmente cometes demasiados errores?		
8. ¿Consideras que haces muy poco deporte?		
9. ¿Piensas que no descansas lo suficiente después de las comidas?		

b Ahora responde al cuestionario y averigua el resultado.

PUNTUACIÓN

No = 1 punto
Sí = 0 puntos

INTERPRETACIÓN

0-3 puntos: ¡No continúes con este ritmo de vida!
4-6 puntos: Intenta cambiar algunos aspectos de tu vida.
7-9 puntos: ¡Muy bien! Sigue así.

c Piensa en las respuestas a estas preguntas y coméntalas con tus compañeros.

- ¿Estás de acuerdo con el resultado que has obtenido y la interpretación?
- ¿Consideras que puedes mejorar algunos aspectos de tu vida? ¿Cuáles? ¿Cómo?

3 Comidas

OBJETIVOS

- Pedir productos alimenticios en una tienda
- Preguntar el precio de un determinado producto
- Pedir algo en un restaurante
- Solicitar un servicio en un restaurante
- Dirigirse a alguien

1 a Lee este anuncio. ¿Entiendes los nombres de estos productos?

b ¿Con cuáles de esos alimentos relacionas cada uno de estos nombres de envases y unidades?

- botella
- (media) docena
- barra
- lata
- cartón
- paquete

Botella de vino, de aceite...

2 a **¿Tienes buena memoria? Observa los productos del dibujo.**

b **Ahora tapa el dibujo. ¿Te acuerdas de lo que hay? Escríbelo.**

Hay un paquete de galletas.
Hay unas patatas.
...

Fonética

¿Cuál es la sílaba más fuerte?

3 a **Escucha estas palabras y escríbelas en la columna correspondiente.**

1|11

a rroz	vi no	ga lle ta	plá ta no	man te qui lla

b **Escucha y comprueba.**

1|12

c **Dilas en voz alta.**

4 a **Mira este dibujo.**

b **Ahora juega con tus compañeros.**

5 **En parejas. Elige uno de estos dibujos y di todo lo que hay. Tu compañero tiene que adivinar qué dibujo es.**

6 **Fíjate.**

Pesos y medidas

Sólidos	Líquidos
100 g = cien gramos	
1 kg = un kilo	1 l = un litro
½ kg = medio kilo	½ l = medio litro
¼ de kg = (un) cuarto de kilo	¼ l = (un) cuarto de litro
1 ½ o 1,5 kg = (un) kilo y medio	1 ½ o 1,5 l = (un) litro y medio
2 kg = dos kilos	2 l = dos litros

7 **a** **Escucha y haz una lista de lo que ha comprado este chico.** 1|13

b **Escucha y escribe lo que cuesta cada cosa.** 1|14

c **Calcula el total y comprueba con la grabación.** 1|15

En una tienda de alimentación

8 a **Escucha este diálogo con el libro cerrado y ayuda al profesor a escribirlo en la pizarra.**

1|16

Dependiente	¿Qué le pongo?
Clienta	Una docena de huevos.
Dependiente	¿Qué más?
Clienta	Una lata de sardinas y un paquete de azúcar.
Dependiente	¿Algo más?
Clienta	¿A cómo está este queso?
Dependiente	A diez euros con veinte céntimos...
Clienta	Pues póngame un cuarto.
Dependiente	¿Algo más?
Clienta	No, nada más. Gracias.

b **Practícalo con tu compañero.**

9 a **Quieres comprar los productos de la lista. Completa el diálogo.**

Dependiente	Buenos días.
Tú	....
Dependiente	¿Qué le pongo?
Tú	....
Dependiente	Son buenísimos esos plátanos. ¿Algo más?
Tú	....
Dependiente	Aquí tiene. Son nuevas.
Tú	¿...?
Dependiente	Lo siento, pero no me quedan.
Tú	....
Dependiente	¿De litro o de litro y medio?
Tú	....
Dependiente	¿Quiere algo más?
Tú	....
Dependiente	¿Qué marca: Forges o Martorell?
Tú	....
Dependiente	El litro de Forges, 2,85 euros, y el de Martorell, 3,30.
Tú	....
Dependiente	Aquí tiene. Es un poco más caro, pero es mejor. ¿Algo más?
Tú	....
Dependiente	Vamos a ver. Son... 8,14 euros.

- 1 Kg de plátanos
- 2 Kg de patatas
- 4 yogures
- 1 botella de leche
- 1 botella de aceite de oliva

b **Ahora escucha y habla con el dependiente.**

1|17

10 **Ahora vosotros. En grupos de tres.**

Alumnos A y B

Trabajáis en dos tiendas diferentes.

Decidid individualmente los precios de los productos que vendéis.

Haced las etiquetas con los nombres y los precios de los productos y ponedlos a la vista del público.

Alumno C

No tienes nada de comida en casa y esta noche va a venir a cenar un amigo tuyo. Además, solo tienes 10 euros.

Escribe una lista de lo que quieres comprar.

Haz la compra.

Comida hispana

11 **a** **¿Con qué países hispanos asocias estos productos?**

café

tortilla

frijoles

chorizo

naranjas

b **¿Y estas bebidas: tequila, mate, vino, ron, cava?**

c **¿Has tomado alguna vez esos alimentos? En caso afirmativo, explícales a tus compañeros cómo son. Puedes usar el diccionario.**

d **¿Conoces otras comidas y bebidas hispanas? Coméntalo con tus compañeros.**

En un restaurante

12 a **Lee este menú y pregunta qué significa lo que no entiendas.**

b **Lee y di cuál es el orden de estos cuatro diálogos entre el camarero y los clientes de un restaurante.**

A

- ¿Qué tomarán de postre?
- Yo, un helado de fresa.
- Y yo, tarta de chocolate.
- ¿Van a tomar café?
- Yo no.
- Yo sí, un café con hielo.

B

- Oiga, perdone, ¿nos trae un poco más de pan, por favor?
- Muy bien.

C

- ¿Qué van a tomar?
- Pues yo, de primero, sopa y, de segundo, pollo.
- Para mí, judías blancas y, de segundo... un filete muy hecho.
- ¿Y para beber?
- Vino.
- Yo, agua mineral con gas.

D

- La cuenta, por favor.

c **Escucha y comprueba.** 1|18

d **Ahora practica esos diálogos con un compañero.**

13 **Fíjate.**

a

Nombres contables / no contables

<table>
<tr><td rowspan="6">¿Me
¿Nos</td><td rowspan="6">trae</td><td>un tenedor,</td><td rowspan="6">por favor?</td></tr>
<tr><td>unas patatas fritas,</td></tr>
<tr><td>otra botella de vino,</td></tr>
<tr><td>otras dos cervezas,</td></tr>
<tr><td>más pan,</td></tr>
<tr><td>un poco (más) de pan,</td></tr>
</table>

b **Estás en un restaurante y necesitas estas cosas. ¿Cómo las pides? Escríbelo.**

Oiga, perdone, ¿me trae un poco más de agua, por favor?

14 **Escucha y escribe en el cuadro lo que pide cada persona.**

1|19

	De primero	De segundo	¿Necesitan algo?	De postre	¿Toman algo más?
Ella					
Él					

15 a **En grupos de tres [A, B y C]. Escribid el menú del día de un restaurante.**

b **En grupos de tres [A, B y C].**

Alumnos A y B	Alumno C
Sois clientes de un restaurante. Mirad el menú. Pedidle al camarero lo que queréis tomar y lo que necesitéis durante la comida.	Eres el camarero de un restaurante. Atiende a los clientes.

c **Ahora cambiad de papel.**

Las comidas en España

1 a **Señala en la columna "antes de leer" lo que creas saber sobre los hábitos de comida de los españoles.**

ANTES DE LEER V	F		DESPUÉS DE LEER V	F
☐	☐	La comida más fuerte es la cena.	☐	☐
☐	☐	El desayuno no es muy importante.	☐	☐
☐	☐	Se cena sobre las siete de la tarde.	☐	☐
☐	☐	Es normal tomar café después del almuerzo.	☐	☐

b **Ahora lee el texto.**

En España, la primera comida del día, el desayuno, no es muy abundante. La mayoría de la gente suele tomar café con leche, tostadas, algún bollo o galletas. También hay personas que desayunan cereales.

La comida más importante, el almuerzo o la comida, se realiza a mediodía, entre la una y las tres de la tarde. Se come un primer plato, a base de verduras, legumbres, arroz... y un segundo plato que suele ser carne o pescado. También se toma postre: fruta o algún dulce.

Es habitual acompañar las comidas con vino y tomar café después del postre.

La última comida del día es la cena, entre las nueve y las diez de la noche. Se toma algo ligero, como sopa, verdura, huevos, queso, fruta, etcétera.

También existe la merienda, una comida a media tarde, hacia las seis. Los niños suelen comer un bocadillo, fruta, chocolate, o tomar un vaso de leche con galletas.

c **Marca la columna "después de leer" y compara con lo que has señalado antes. ¿Hay algo que te sorprenda?**

d **Habla con la clase sobre las comidas de tu país.**

- ¿Son a la misma hora que en España?
- ¿Se come y se bebe lo mismo?

Recuerda

COMUNICACIÓN

Pedir productos alimenticios en una tienda

- ¿Qué le pongo?
- Un paquete de arroz.
- ¿Algo más?
- No, nada más.

Preguntar el precio de un determinado producto

- ¿A cómo están las naranjas?
- A 0,90 euros el kilo.

GRAMÁTICA

Algo, nada

(Ver resumen gramatical, apartado 12)

COMUNICACIÓN

Pedir en un restaurante

- ¿Qué va(n) a tomar?
- Yo, de primero, una ensalada y, de segundo, pollo.
- Para mí, paella y merluza a la romana.

Solicitar un servicio en un restaurante.

- ¿Me trae otra botella de agua, por favor?

Dirigirse a alguien

- Oiga, perdone, ¿nos trae un poco más de pan, por favor?

GRAMÁTICA

Sustantivos contables

Singular	Plural
• Un tenedor	• Unos/dos tenedores
• Otra botella de agua	• Otras botellas de agua

Sustantivos no contables

- Más pan
- Un poco de pan
- Un poco más de pan

Presente de indicativo

Verbos irregulares: alternancia *e-i*

Verbo *pedir*

(yo)	p**i**do
(tú)	p**i**des
(él/ella/usted)	p**i**de
(nosotros/nosotras)	pedimos
(vosotros/vosotras)	pedís
(ellos/ellas/ustedes)	p**i**den

Otros verbos frecuentes con alternancia *e-i*

Decir, repetir, servir, seguir.

(Ver resumen gramatical, apartado 3.1.2.2)

Presente de indicativo. Verbos irregulares

1.ª persona del singular con *g*

poner: (yo) pon**g**o

Otros verbos frecuentes con esta irregularidad

Tener, hacer, venir, salir, decir, traer.

Materiales complementarios

1 **Dominó de alimentos. En grupos de cuatro. Cada alumno toma siete fichas sin verlas. Empieza a jugar el que tiene la ficha donde se lee "manzana". La pone en el centro de la mesa y, luego, dice el nombre del alimento que hay dibujado en ella ("naranja"). El que tiene la ficha donde se lee "naranja" continúa el juego poniendo esa ficha en la mesa y diciendo el nombre del alimento que hay dibujado en ella.**
Si un alumno no recuerda una palabra, pierde un punto. Gana el que pierde menos puntos.

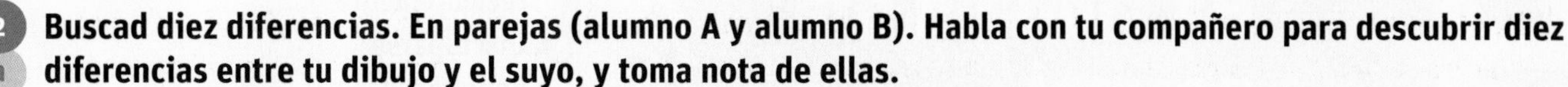

2 a **Buscad diez diferencias. En parejas (alumno A y alumno B). Habla con tu compañero para descubrir diez diferencias entre tu dibujo y el suyo, y toma nota de ellas.**

Alumno A: En mi dibujo hay una barra de pan.

Alumno B: Pues en el mío hay media (barra de pan). Y también hay un trozo de chorizo.

Alumno A: En el mío no (hay un trozo de chorizo), pero hay un trozo de jamón.

Alumno A

¡No mires el dibujo del alumno B!

Alumno B

¡No mires el dibujo del alumno A!

b **Comparad los dos dibujos. ¿Habéis encontrado todas las diferencias?**

4 Ha sido un día normal

OBJETIVOS

- Hablar de lo que se ha hecho recientemente
- Disculparse
- Poner excusas
- Tranquilizar a alguien

1 a Lee el siguiente texto y di dónde puedes encontrarlo.

Hoy ha sido un día normal. Me he levantado a la hora de todos los días, pero he perdido el autobús, así que he llegado tarde a clase de Historia Contemporánea. Una pena, porque es una asignatura que realmente me interesa. Luego he tenido otras tres clases, muy aburridas todas. Tampoco he recibido hoy el paquete de Marta que estoy esperando. A ver si llega mañana. Por la tarde he estudiado poquísimo porque he ido al cine con Pepe. Hemos visto una película horrible –no quiero ni mencionar su título–, nos hemos tomado unas cañas y he vuelto a casa a las diez. Luego le he escrito a Marta. ¡Qué ganas tengo de verla!

- En un chat
- En un diario
- En una carta comercial
- En una página web
- En una agenda
- En una revista
- En un periódico

b Escribe seis cosas que ha hecho hoy esa persona.

1. Se ha levantado a la hora de todos los días.
2. ....
3. ....
4. ....
5. ....
6. ....

2 a Fíjate.

Pretérito perfecto

	Presente de *haber*	Participio
(yo)	he	
(tú)	has	estudiado
(él/ella/usted)	ha	comido
(nosotros/nosotras)	hemos	salido
(vosotros/vosotras)	habéis	
(ellos/ellas/ustedes)	han	

b Lee de nuevo el texto de la actividad 1 y completa estos cuadros.

	-AR	-ER	-IR
INFINITIVO	levantar llegar estudiar tomar	perder tener	recibir ir
PARTICIPIO (regular)	levant**ado**	perd**ido**	recib**ido** ....

INFINITIVO	ver volver escribir
PARTICIPIO (irregular)	visto ....

c Aquí tienes el participio de otros verbos irregulares:

- hacer → hecho
- poner → puesto
- abrir → abierto
- descubrir → descubierto
- decir → dicho

3 Escucha y repite lo que oigas solo si es verdadero para ti. Si es falso, no digas nada.

1|20

4 **Son las 8.30 de la mañana y Teresa está saliendo de su casa para ir a la universidad. Observa el dibujo y escribe qué ha hecho y qué no ha hecho. Usa estos verbos.**

- Desayunar
- Recoger
- Lavarse
- Hacer
- Quitarse
- Abrir
- Ver
- Apagar
- Tomar
- Ducharse
- Bañarse
- Ponerse

Ha desayunado.
No ha recogido la mesa.

5 a **El profesor te va a hacer cinco preguntas sobre lo que has hecho hoy. Antes, escribe las respuestas ("sí" o "no").**

1. .... 2. .... 3. .... 4. .... 5. ....

Ahora contesta a las preguntas del profesor.

b **Escribe cinco preguntas divertidas para un compañero y prepara cinco respuestas a sus posibles preguntas.**

c **En parejas, por turnos, haceos las preguntas. ¿Hay algo interesante o divertido? Decídselo a la clase.**

Según sus respuestas, David se ha duchado tres veces esta mañana. Y también se ha puesto un pijama para salir a la calle.

6 a Escucha esta conversación y haz una lista de las horas que oigas.

1|21

Hora	¿Qué ha hecho Marisa?

b Escucha y escribe lo que ha hecho Marisa a esas horas.

1|22

7 Irene y Félix son muy diferentes y no se conocen, pero los dos han hecho hoy cuatro cosas iguales en el mismo momento. Habla con tu compañero y descúbrelas.

Alumno A

¡No mires la parte del alumno B!

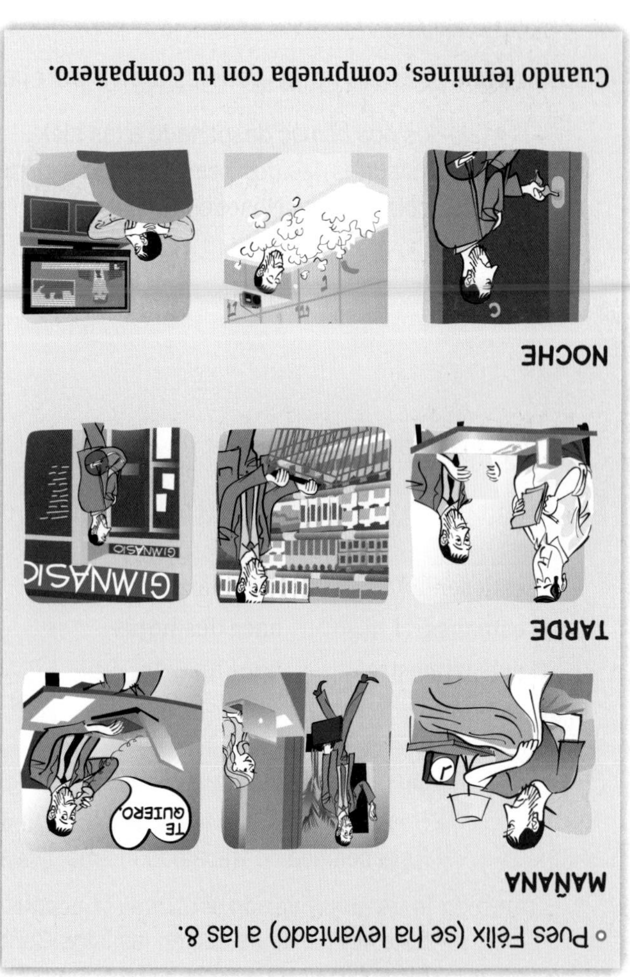

¡No mires la parte del alumno A!

Alumno B

8 a **Piensa en lo que has hecho hoy y escríbelo.**

b **Cuéntaselo a tu compañero y comprueba si tienes coincidencias con él.**

c **Comentad vuestras coincidencias a otra pareja.**

- Los dos nos hemos despertado a las siete.
- Pues nosotras, las dos hemos venido a clase en bici.
- ¡Qué coincidencia! Nosotros también.

9 a **Fíjate.**

Pretérito perfecto

También se puede usar el pretérito perfecto cuando se dice lo que se ha hecho o lo que ha pasado:

esta semana	hace diez minutos
este mes	hace dos horas
este trimestre	hace un rato
este año	...

- Esta semana he estudiado mucho.
- Hace un rato ha sonado el teléfono.

Lo utilizamos para expresar acciones pasadas realizadas en períodos de tiempo no terminados.

- Hoy he desayunado fuera de casa. (El día de hoy no ha terminado.)
- Esta semana he trabajado mucho. (La semana no ha terminado.)

También lo usamos cuando sentimos la acción próxima al presente.

- Este verano he estado en las Islas Canarias. (El verano ha terminado pero siento la acción próxima al presente.)

b **En el bolso de algunas personas puedes encontrar de todo. Observa todas estas cosas del bolso de Lucía y escribe lo que ha hecho esta semana. Luego, escribe lo que ha hecho el resto del mes. Recuerda que hoy estamos a 23 de abril, viernes.**

ESTA SEMANA	ESTE MES
Ha recibido una carta de Barcelona.	Ha ido a San Sebastián en tren.

10 a **Piensa en cinco cosas que crees que ha hecho tu compañero este año. Luego, escríbelas.**

b **Díselas. Él te confirmará si las ha hecho o no. ¿Cuántos aciertos tienes?**

- Este año has aprendido mucho español.
- Sí, es verdad; he aprendido mucho.

Disculpas y excusas

11 a Escucha y lee.

1|23

Roberto	Perdona por llegar tarde, pero es que he salido del trabajo a las siete…
Sofía	¡Bah! No te preocupes.
Roberto	Lo siento, de verdad.
Sofía	Tranquilo, hombre, no tiene importancia.

b Escucha y repite.

1|24

12 a Lee estas posibles causas de retraso. Busca en el diccionario las palabras que no entiendas.

- tener una pequeña avería en el coche
- perder el tren
- no oír el despertador
- tardar en encontrar aparcamiento
- dormirse
- tardar en encontrar el sitio
- encontrarse con un conocido por el camino
- retrasarse el autobús por un problema de tráfico

b Estas personas han llegado hoy tarde a algún sitio. ¿Qué excusas han puesto? Escríbelas.

Perdona por llegar tarde, pero es que no he oído el despertador.

13 **En parejas [A-B]. Representad estas dos situaciones.**

1

Alumno A

Has quedado con tu novio o con tu novia a las ocho de la tarde y llegas a las ocho y veinte.

Discúlpate y dile por qué has llegado tarde.

1

Alumno B

Acepta las disculpas de tu novia o de tu novio y tranquilízala/-o.

2

Alumno A

Eres la madre de Óscar, que tiene 15 años y todos los sábados vuelve a casa a las diez de la noche. Hoy es sábado y ha vuelto a las dos y media de la mañana.
Acepta las disculpas.

2

Alumno B

Eres Óscar, de 15 años. Todos los sábados vuelves a casa a las diez de la noche, pero este lo has hecho a las dos y media de la mañana.
Invéntate una buena excusa y discúlpate ante tu madre.

Montevideo

1 a **¿Sabes qué es el Mercosur? ¿Qué países lo integran?**

b **Lee este texto incompleto sobre Montevideo, capital administrativa del Mercosur. Puedes usar el diccionario.**

Montevideo, la capital de Uruguay, ha sido elegida también capital administrativa del Mercosur. Tiene casi 1,5 millones de habitantes, aproximadamente la mitad de la .... del país. Muchos de ellos son descendientes de .... italianos y españoles.

En esa ciudad industrial, comercial, turística y administrativa destacan sus industrias de la carne, las más tradicionales y que siguen teniendo una gran importancia .... Su puerto es el primero de Uruguay: en él se hacen la mayor parte de las operaciones de importación y ....

Es una ciudad muy vital que tiene una variada oferta cultural y mucha .... nocturna. Pero allí también se puede disfrutar de la tranquilidad: está abierta al mar, y hay muchas casas bajas y unas 2000 hectáreas de plazas y ....

c **Asegúrate de que entiendes estas palabras y utilízalas para completar el texto.**

• población • económica • exportación • inmigrantes • parques • vida

2 a **Ahora vas a leer un texto de un escritor uruguayo, Eduardo Galeano, sobre Montevideo. Pregúntale al profesor el significado de lo que no entiendas.**

Montevideo es la ciudad de los cafés. Allí no se pregunta: «¿Dónde vivís?», sino: «¿En qué café parás?». Casi no hay cafés en los barrios de los ricos, pero en el centro, en la ciudad vieja y en los barrios pobres y de clase media, he contado hasta siete cafés en un solo cruce de esquinas. Refugio de solitarios y lugar de encuentro, espacio cómplice de comunicación para las confidencias de las parejas o para el estrépito de las «barras» de los vecinos, los compañeros de trabajo o los hinchas de fútbol, el café es también el tradicional escenario de las «peñas» de los artistas y los políticos.

EDUARDO GALEANO: *Nosotros decimos no*, Siglo XXI.

b **¿Cuál es la idea principal del texto?**

c **Di tres palabras del texto que creas que no se utilizan en todos los países de habla hispana.**

d **Piensa en los dos textos y diles a tus compañeros algunas cosas que crees que hacen los habitantes de Montevideo en su tiempo libre.**

Recuerda

COMUNICACIÓN

Hablar de lo que se ha hecho recientemente

- ¿A qué hora te has levantado hoy?
- A las ocho.

GRAMÁTICA

Pretérito perfecto

he has ha hemos habéis han	+ participio

- He hablado con Elena.
- Hemos comido muy bien.
- Han recibido una carta.

Terminación del participio

Infinitivo	Participio
-ar	-ado
-er -ir	-ido

Hablar: habl – ado → hablado
Comer: com – ido → comido
Vivir: viv – ido → vivido

Participios irregulares

Hecho, vuelto, puesto, roto, visto, abierto, descubierto, dicho, escrito, etc.

(Ver resumen gramatical, apartado 3.3)

COMUNICACIÓN

Disculparse

- Perdona por llegar tarde.
- Lo siento, de verdad.
- Siento llegar tarde.

Poner excusas

- Es que he perdido el tren.

Tranquilizar a alguien

- Tranquilo, hombre, no tiene importancia.
- Tranquila, mujer, no tiene importancia.
- ¡Bah! No te preocupes.

Materiales complementarios

1 a **Ordena las palabras y escribe frases expresando cosas que ha hecho Esther esta mañana.**

1. Las ha se cuarto a menos siete levantado

....

....

2. Duchado se el y lavado ha se pelo ha

....

....

3. De poco hecho un ha deporte

....

....

4. Leche en ha desayuno el con tomado café

....

....

5. La visto en noticias ha televisión las

....

....

6. Clase pie a ido a ha

....

....

7. En diez a tardado minutos clase ha llegar

....

....

b **¿Qué frase o frases relacionas con la foto de a)?**

2 a **¡Es mentira! Escribe frases verdaderas y frases falsas sobre lo que has hecho tú hoy.**

Hoy he enviado varios correos electrónicos.

b **En parejas. Díselas a un compañero con el que no has trabajado en esta lección. Cuando crea que una frase es falsa, dice "¡Es mentira!". Si realmente es falsa, obtiene un punto; si es verdadera, lo obtienes tú.**

c **Coméntale qué otras frases falsas no ha descubierto. Anótate un punto por cada una de ellas.**

d **¿Quién tiene más puntos?**

3 a Lee el fragmento del diario de Miguel y complétalo con estas palabras.

- invitado
- palabras
- hecho
- vuelto
- bicicleta
- noticia
- fiesta
- examen
- trabajar
- escrito

Hoy ha sido un buen día y estoy muy contento. Ha empezado como siempre, me he levantado a las siete, he .... un poco de ejercicio, he desayunado y he ido a clase de Inglés en .... La profesora nos ha dado las notas del .... de la semana pasada y me ha felicitado por mi buena nota. Esa ha sido la primera buena ....
Luego, me ha gustado mucho la clase: hemos hecho unas cosas muy graciosas e interesantes, me he divertido mucho y he aprendido bastantes .... nuevas. Las otras clases también han estado muy bien. Por la tarde he ido a la biblioteca, he navegado un rato por internet y he .... unos correos electrónicos. Cuando he .... a casa he recibido la segunda buena noticia: la empresa donde solicité trabajo la semana pasada me va a contratar y ¡voy a empezar a .... el día uno! Me he puesto muy contento y he llamado a Marisa para decírselo. He quedado con ella para celebrarlo y he decidido hacer una .... de celebración el sábado que viene. Después, he hablado con varios amigos y los he ....

b Cierra el libro y escribe frases expresando lo que ha hecho hoy Miguel.

c Compara con un compañero. ¿Quién tiene más frases correctas?

5 Experiencias y opiniones

OBJETIVOS

- Hablar de experiencias personales
- Hablar de lo que ya se ha hecho
- Hablar de lo que todavía no se ha hecho
- Expresar opiniones
- Expresar acuerdo
- Expresar desacuerdo
- Presentar un contraargumento

1 **Mira las fotos y responde a las preguntas.**

Machu Picchu

Salamanca

Londres

Roma

Río de Janeiro

Buenos Aires

El Cairo

Granada

Atenas

- ¿Conoces estos lugares y monumentos?
- ¿Cómo se llaman?
- ¿Sabes en qué países están?

2 **¿Has estado alguna vez en esas ciudades o en esos países? Completa las siguientes frases con tu información.**

He estado (una vez) en .... (y ....).
He estado (varias veces) en .... (y ....).
No he estado nunca en .... (ni ....).

3 **¿Verdadero o falso? Lee estas informaciones y pregunta al profesor qué significa lo que no entiendas. Luego escucha la conversación y señala verdadero o falso.**

1|25

	V	F
1. Ha estado en los cinco continentes.	☐	☐
2. No ha montado nunca en camello.	☐	☐
3. Ha comido carne de serpiente.	☐	☐
4. No le gustó la carne de serpiente.	☐	☐
5. Ha ido de safari.	☐	☐

Fonética

4 a **Escucha las siguientes frases.**

1|26

b **Escucha de nuevo y marca si son afirmativas o interrogativas.**

1|27

	Afirmativas	Interrogativas
1.		
2.		
3.		
4.		
5.		
6.		
7.		
8.		

5 **Habla con tus compañeros y escribe el nombre de uno de ellos en cada caso.**

- ¿Has estado alguna vez en Latinoamérica?
- Sí, (he estado)... / No, (no he estado) nunca. ¿Y tú?
- Pues yo (he estado)... / Yo tampoco.

¿Quién...

... ha estado en Latinoamérica?
... se ha enamorado locamente alguna vez?
... ha escrito un poema de amor alguna vez?
... ha trabajado de camarero/-a?
... ha perdido alguna vez una cosa de valor?
... se ha encontrado alguna vez una cosa de valor?
... ha comido turrón?
... ha cantado alguna vez en público?
... ha visto alguna película española?
... ha hecho teatro alguna vez?
... ha conocido a alguien interesante por internet?

6a **Los señores Cadosa son colombianos y están de vacaciones en Madrid. Lee su plan del día.**

- Ir al Museo del Prado.
- Ir al Centro de Arte Reina Sofía.
- Ver la Plaza Mayor.
- Visitar la Puerta del Sol.
- Pasear por el parque del Retiro.
- Visitar el Palacio Real.
- Ver la Cibeles y el Palacio de Comunicaciones.
- Comer en el restaurante Botín.
- Probar el cocido madrileño.
- Ir al Rastro.

b **Mira su agenda de nuevo. Escribe las cosas que han hecho ya y las que no han hecho todavía.**

Ya han ido al Museo del Prado.
Todavía no han ido al Centro de Arte Reina Sofía.

- Ir al Museo del Prado. ✓
- Ir al Centro de Arte Reina Sofía.
- Ver la Plaza Mayor. ✓
- Visitar la Puerta del Sol.
- Pasear por el parque del Retiro.
- Visitar el Palacio Real. ✓
- Ver la Cibeles y el Palacio de Comunicaciones.
- Comer en el restaurante Botín.
- Probar el cocido madrileño.
- Ir al Rastro.

7a **¿Quién conoce mejor la ciudad donde estáis? Decide con tus compañeros qué consideráis necesario para conocer bien la ciudad donde estáis. Luego, escríbelo en el cuadro.**

	Ya	Aún/Todavía no
Ir a		
Estar en		
Visitar		
...		

b **Señala tus respuestas.**

c **Pregúntale a tu compañero si ha hecho ya esas cosas y marca sus respuestas.**

- ¿Has ido ya a...?
- ○ Sí (, ya he ido).
  No (, todavía no he ido).

d **Comparad las respuestas de los dos. ¿Quién conoce mejor esa ciudad?**

8 a **Observa estas fotos.**

1

2

3

4

5

6

7

8

b **Imagina que eres una de esas personas. Piensa en algunas cosas importantes que has hecho en tu vida y escríbelas. Puedes usar el diccionario.**

c **Enséñale al profesor lo que has escrito.**

d **Díselo a tus compañeros. ¿Saben quién eres?**

Opiniones

9 a Lee las opiniones de estos cuatro estudiantes de español y decide dónde van las frases del cuadro.

- ☐ Hay que hacer ejercicios de pronunciación y entonación en clase.
- ☐ No me importa cometer algunos errores.
- ☐ Es muy importante aprender bien la gramática.
- ☐ No sé si estoy hablando bien o mal.

Cuando estudio una lengua, quiero hablar, comunicarme con las personas que hablan esa lengua. Mi objetivo es comprender lo que oigo y que la gente comprenda lo que digo, (1) ..... Por esa razón pienso que es necesario hablar mucho en clase.

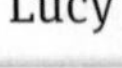

Lucy

Creo que es muy importante aprender a pronunciar y entonar frases correctamente. Muchas veces me siento muy frustrado porque quiero decir palabras que conozco, pero las pronuncio mal y la gente no me entiende. En mi opinión, (2) .....

Chris

Si no estudias gramática, aprendes más lentamente y olvidas las cosas fácilmente, por eso (3) ..... ¡Ah!, y fuera de clase, en la calle, puedes aprender vocabulario, pero normalmente no aprendes gramática.

Michael

A veces, cuando hablamos, el profesor no nos corrige los errores, y eso no me gusta porque (4) ..... .

Akira

b Ahora responde a estas preguntas.

¿Cuál de los cuatro estudiantes...

... **piensa** que el profesor debe corregirle siempre?
... **cree** que la gramática es fundamental?
... **piensa** que es importante hablar mucho en clase?
... **cree** que hay que hacer ejercicios de fonética en clase?

c Lee de nuevo y di cuáles de esas personas estudian español en un país de habla hispana. ¿Por qué lo sabes?

Creo que... porque...

10 Y tú, ¿qué opinas? ¿Estás de acuerdo con ellos? Coméntalo con tu compañero.

- Yo estoy de acuerdo con Lucy. Yo creo que... Y tú, ¿estás de acuerdo con ella?
- ○ Sí, yo también creo que...
  Sí, estoy de acuerdo, pero (también es importante hablar bien).
  Yo no estoy de acuerdo con ella. Yo creo que (es importante no cometer errores).

11 a **Escribe frases dando tu opinión sobre:**

- Lo más importante para aprender una lengua extranjera.
- Lo más difícil de la lengua española.
- Lo más fácil de la lengua española.
- Lo más parecido de la lengua española a tu lengua.
- Lo más diferente de la lengua española a tu lengua.

Para mí, / Yo creo que | lo más importante para aprender una lengua extranjera es practicar mucho.

b **Ahora coméntalas con tus compañeros. ¿Están de acuerdo contigo?**

- Para mí, lo más importante para aprender una lengua extranjera es practicar mucho. ¿Y para vosotros?
- Para mí, también.
- Para mí, no. Para mí, lo más importante es estudiar mucha gramática.
- Yo no estoy de acuerdo contigo. La gramática sí es importante, pero yo creo que practicar mucho es más importante para aprender bien.

12 a **Lee estas preguntas y prepara tus respuestas.**

¿Qué haces tú para...

... aprender vocabulario?
... aprender gramática?
... comunicarte cuando no sabes una palabra?
... averiguar cómo se pronuncia una palabra?

b **Díselas a la clase.**

Para aprender vocabulario, yo escribo frases con las palabras nuevas.

¿Han dicho tus compañeros algo interesante que no haces tú en esas situaciones?

El cante flamenco

1 a Pregunta al profesor qué significan estas palabras.

- cariño
- vergüenza
- corazón
- hiciste
- cortado

b 1|28 **Elige dos palabras y memorízalas. Luego, cierra el libro y escucha la canción. Ponte de pie cuando oigas una de ellas y siéntate cuando oigas la otra.**

2 **Ahora lee el fragmento de la letra de esta canción y busca:**

- Una palabra que significa *mentiroso*.
- Lo contrario de *has querido*.

DIME

Dime
si has mentido alguna vez
y dime si cuando lo hiciste
sentiste vergüenza de ser embustero.

Dime
dime
dime
si has odiado alguna vez
a quien hiciste creer
un cariño de verdad.

Dime
si siente tu corazón
como en sí mismo el dolor de tu hermano.

Dime
dime
dime
si has cortado alguna flor
sin que temblaran tus manos.
Dime

LOLE Y MANUEL, "Dime",
Pasaje del agua.

3 **Escucha otra vez la canción y lee de nuevo la letra.**
1|29

4 **Piensa en estas cuestiones y coméntalas con la clase.**

- ¿Qué tipo de música es? ¿Qué sabes de ella?
- ¿De qué parte de España es típica?
- ¿Has escuchado otras canciones de este estilo?
- ¿Puedes decir el nombre de algún intérprete de este tipo de música?

Recuerda

COMUNICACIÓN

Hablar de experiencias personales

- ¿Has estado alguna vez en Moscú?
- Sí, (he estado) dos veces.
  No, (no he estado) nunca.

Hablar de lo que ya se ha hecho

- ¿Has ido ya al Museo del Prado?
- Sí, ya he ido.

Hablar de lo que todavía no se ha hecho

- Todavía/aún no he estado en España.

GRAMÁTICA

Pretérito perfecto

(Ver resumen gramatical, apartado 3.3)

Ya–aún / todavía no

(Ver resumen gramatical, apartado 17)

COMUNICACIÓN

Expresar opiniones

- Yo creo que los verbos españoles son bastante difíciles.
- Para mí, es muy importante hablar en clase.

Expresar acuerdo

- Yo creo que es muy importante repasar en casa lo que estudiamos en clase.
- Sí, estoy de acuerdo contigo.
- Para mí también es muy importante.

Expresar desacuerdo

- Para mí, lo más importante es hablar perfectamente, no cometer errores.
- Para mí, no.
- Yo no estoy de acuerdo contigo. Yo creo que hay cosas más importantes, por ejemplo, expresar lo que quieres expresar.

Presentar un contraargumento

- Para mí, es muy importante aprender a conjugar todos los verbos.
- Sí, estoy de acuerdo, pero creo que hay cosas más importantes, como aprender vocabulario.

GRAMÁTICA

Con + pronombres personales

conmigo
contigo
con usted/él/ella
nosotros/nosotras
vosotros/vosotras
ustedes/ellos/ellas

- Pues yo no estoy de acuerdo contigo.

(Ver resumen gramatical, apartado 4.5)

Materiales complementarios

1 a ¡Un personaje peculiar! Asegúrate de que entiendes todo y relaciona las dos mitades.

1. Ha estado varias veces en los cinco continentes →	**A.** muchas noches de luna llena.
2. Ha aprendido once lenguas	**B.** no toma bebidas alcohólicas.
3. Nunca ha tenido un jefe,	**C.** y ha vivido en nueve países.
4. No ha tomado nunca una aspirina,	**D.** no le gusta la informática.
5. No se ha emborrachado nunca,	**E.** y nunca ha ido a una clase de idiomas.
6. Ha dormido al aire libre	**F.** siempre ha trabajado por su cuenta.
7. Nunca ha usado un ordenador,	**G.** con alas artificiales.
8. Ha volado alguna vez	**H.** solamente consume remedios naturales.

b ¿Coincides tú con él en algunas cosas?

2 a ¡Cread otro personaje peculiar! En grupos de tres. Cread un personaje peculiar: haced una lista de experiencias que ha tenido y de experiencias que nunca ha tenido.

b Colocad la lista en una pared de la clase y leed las de los otros grupos.

c Comentad a la clase qué personaje os parece más peculiar y por qué.

3 a **¿Ya o aún/todavía no? Marisol va a irse de vacaciones dentro de una semana a un país muy exótico. Ha empezado los preparativos del viaje y ha hecho la mitad de las cosas de la lista. Escribe cinco cosas que crees que ha hecho ya y cinco que aún o todavía no ha hecho.**

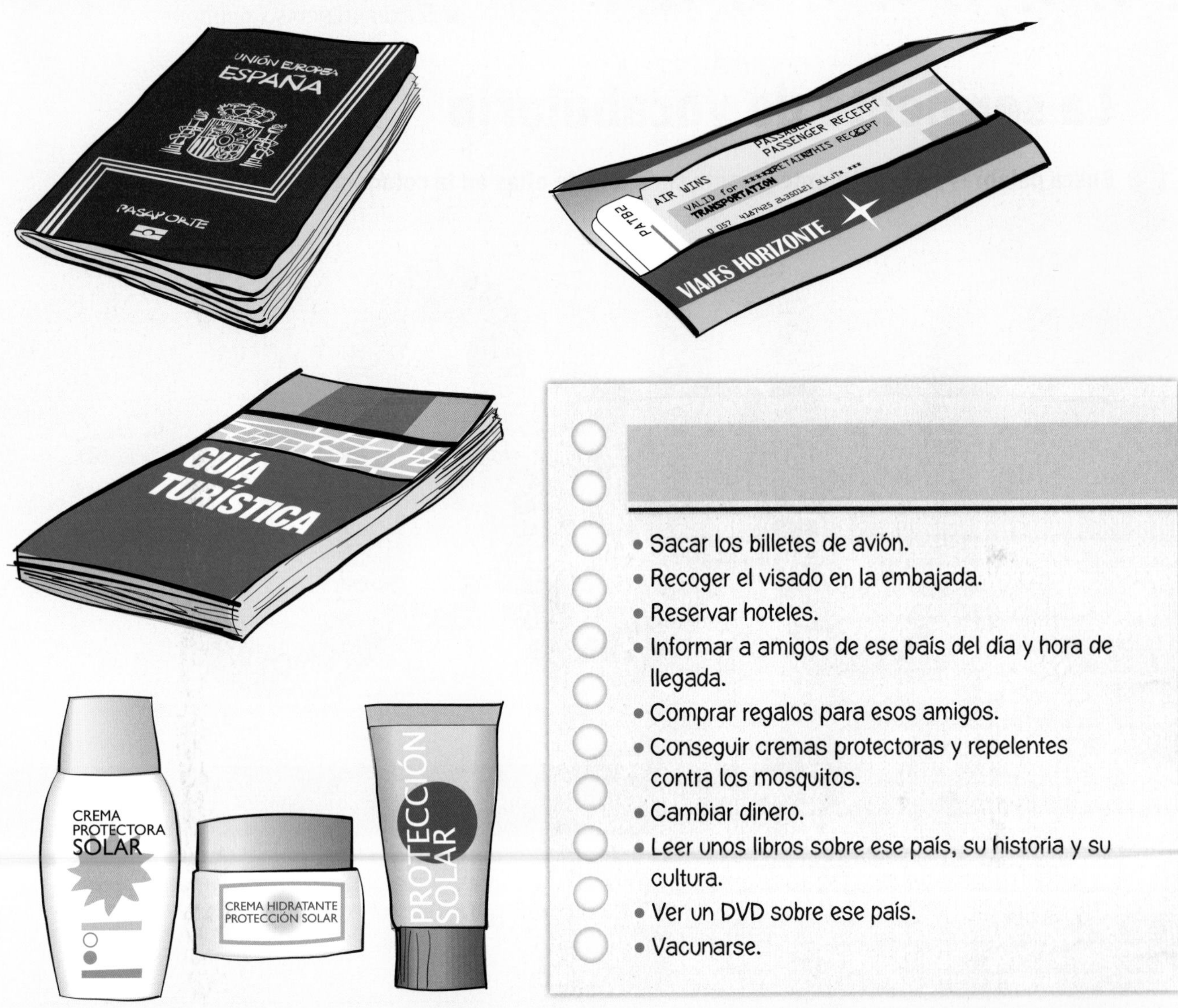

- Sacar los billetes de avión.
- Recoger el visado en la embajada.
- Reservar hoteles.
- Informar a amigos de ese país del día y hora de llegada.
- Comprar regalos para esos amigos.
- Conseguir cremas protectoras y repelentes contra los mosquitos.
- Cambiar dinero.
- Leer unos libros sobre ese país, su historia y su cultura.
- Ver un DVD sobre ese país.
- Vacunarse.

Ya	Aún/Todavía no

b **Dile a tu compañero las frases que crees que ha escrito. Anótate un punto por cada acierto.**

- Ya ha recogido el visado en la embajada.
- Sí, ya / No, aún/todavía no | ha recogido el visado en la embajada.

c **¿Quién tiene más aciertos?**

Repaso 1

LECCIONES

- 1 UN NUEVO CURSO
- 2 ¿QUÉ TE PASA?
- 3 COMIDAS
- 4 HA SIDO UN DÍA NORMAL
- 5 EXPERIENCIAS Y OPINIONES

La serpiente de vocabulario

1 a Busca palabras en la serpiente y anota cada una de ellas en la columna correspondiente.

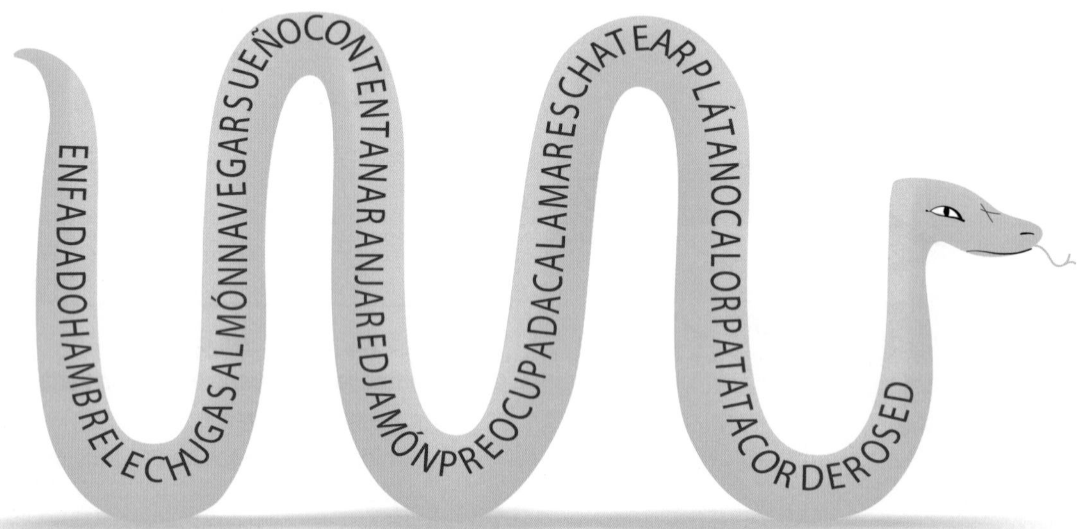

Sentimientos y estados de ánimo	Sensaciones físicas	Fruta	Verdura	Carne	Pescado	Internet
enfadado	hambre					

b Añade otras palabras en cada columna.

2 a Busca cinco palabras o expresiones difíciles en las lecciones 1-5 y escríbelas. Si no recuerdas cómo se dicen en tu lengua, míralas en el diccionario y escribe su traducción.

(Quizá, ...)

b En grupos de tres, por turnos. Un alumno dice una de esas palabras o expresiones y los otros dos tienen que imaginar y representar un pequeño diálogo incluyéndola. Si no lo hacen correctamente, el primer estudiante obtiene un punto. Gana el que consigue más puntos.

(• ¿Vas a ir a la piscina mañana?)
(○ Sí, quizá, pero no estoy segura.)

3 a **Mira estas fotos de Lanzarote y responde a las preguntas.**

Valle de las Palmeras

Playa del Papagayo

Parque nacional de Timanfaya

Jameos del Agua

- ¿Sabes dónde está Lanzarote?
- ¿Has estado alguna vez allí? ¿Te gustó?

b **Ahora escucha esta conversación telefónica entre Chema (de vacaciones en Lanzarote) y Rosa (en Madrid) y marca la columna correspondiente.**

1|30

	Ya lo ha hecho.	Aún / Todavía no lo ha hecho.	No se sabe.
Estar en la playa del Papagayo.			
Visitar el parque nacional de Timanfaya.			
Estar en los Jameos del Agua.			
Ir al mercado de Teguise.			
Ver a Angelines.			
Ir al restaurante recomendado.			
Bañarse en el mar.			
Comprarse la cámara.			

¿Bien o mal?

4 **Lee las instrucciones del juego y pregúntale al profesor lo que no entiendas.**

1. En grupos de tres o cuatro. Juega con un dado y una ficha de color diferente a la de tus compañeros.
2. Por turnos. Tira el dado y avanza el número de casillas que indique.
3. Si caes en una casilla con una o varias frases, decide si están bien o mal y, en este caso, corrígelas.

SALIDA	**11** No ha venido a clase porque está enfermo.	**12** —	**23** La semana que viene voy estudiar mucho.	**24** ¿Nos trae un poco más de pan, por favor?
1 Dice que su hija está muy inteligente.	**10** ¿Cuánto tardas en llegar a casa?	**13** ¿No son tus padres en casa?	**22** Ayer fui al cine en bicicleta.	**25** —
2 Hoy están muchos coches en la calle.	**9** —	**14** Trabaja muchísimo; diez horas al día.	**21** A mí me gustaría aprender muchas cosas este año.	**26** ¿Por qué no te acuestas y descansas un poco?
3 —	**8** Tu hermano mayor está médico, ¿no?	**15** —	**20** —	**27** ¿Por qué eres tan contento hoy?
4 Mi pueblo es famoso para el vino.	**7** ¿Nunca no comes carne?	**16** A Luis no se gustan mis zapatos.	**19** —	**28** —
5 —	**6** Por la mañana voy a clase y por la tarde trabajo.	**17** Creo es alemana, pero no estoy seguro.	**18** Perdona por llegar tarde.	**29** Me duele muchísimo las piernas hoy.

4. Si tus compañeros están de acuerdo con lo que dices, quédate en esa casilla.
   - Si no están de acuerdo contigo, preguntad al profesor quién tiene razón.
   - Si estás equivocado, vuelve a la casilla donde estabas.
5. Si caes en el principio de una flecha, ve a la casilla en la que termina.

35 ¿Qué hay hacer para aprender bien español?	**36** • Me encanta esquiar. ∘ A mí sí.	**47** Pues yo termino de trabajar a las seis en la tarde.	**48** • ¿Qué van a tomar de postre? ∘ Yo, una naranja. ▪ Para mí, un flan.	**LLEGADA**
34 ...pero los fines de semana nos acostamos muy tarde.	**37** Soy seguro de no voy a salir mañana.	**46** ___	**49** ¿Sabes dónde está el teatro Romea?	**58** ¿Qué es que más te gusta de la clase?
33 ___	**38** • ¿Conoces París? ∘ Sí, he estado muchas veces allí.	**45** Aún no he ido a la playa este año.	**50** ___	**57** ___
32 Yo sé tocar dos instrumentos: la guitarra y el piano.	**39** ___	**44** ___	**51** ¿Todavía no conoces mi amigo Diego?	**56** ¿Qué es tu cantante favorito?
31 ___	**40** ___	**43** Hoy ha venido mucha gente a clase, ¿no?	**52** ___	**55** Pues yo no estoy de acuerdo contigo.
30 Esta semana he escrito cinco cartas.	**41** • ¿Saliste ayer por la tarde? ∘ No, me quedé en casa.	**42** Para hablar mejor sé que tengo que practicar mucho.	**53** • ¿No me gusta ese cuadro. ∘ A mí tampoco.	**54** Yo juego malo al baloncesto. Soy bastante malo.

5 a Lee el artículo y elige el título adecuado.

A. COMEMOS MÁS QUE ANTES

B. COMEMOS COMO ANTES

C. COMEMOS PEOR QUE ANTES

La dieta española, como la de otros muchos países, está cambiando. Los alimentos tradicionales están siendo sustituidos por otros, normalmente de origen norteamericano, que son peores para la salud porque tienen muchas grasas animales.

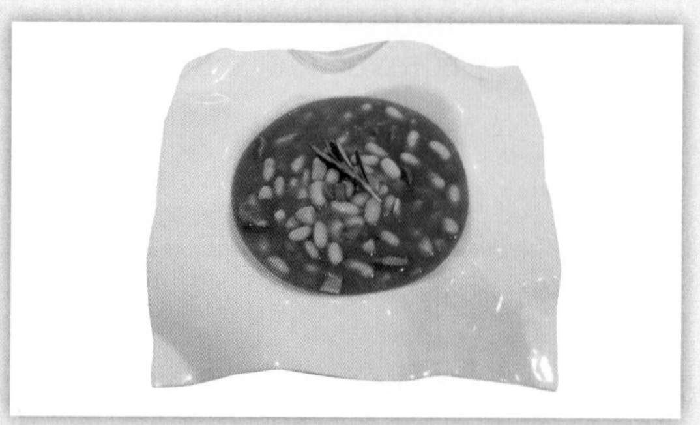

Actualmente tomamos menos legumbres, verduras, ensaladas, arroz y aceite de oliva que antes. Por el contrario, el consumo de hamburguesas, perritos calientes, sándwiches y patatas fritas es ahora mayor.

También cocinamos menos que antes y comemos más fuera de casa, a menudo alimentos con mucha grasa. Las consecuencias de estos nuevos hábitos alimenticios son claramente negativas: el número de enfermedades relacionadas con la mala alimentación es cada vez mayor.

El Mundo del Siglo Veintiuno. (Adaptado).

b Busca dos alimentos tradicionales de España que aparecen en el texto.

- ¿Los has tomado alguna vez?
- ¿Te gustan?

c Comenta ahora el artículo con tus compañeros.

- ¿En tu país pasa lo mismo que en España?

  - Creo que la comida... porque...
  - Pues yo creo que...

6 a **Escribid un pequeño texto sobre la dieta de otro país, sin decir cuál es. Podéis consultar también el texto de la página 40.**

b **Pasad el texto a otra pareja para que adivine de qué país se trata, comentadlo y corregid los posibles errores.**

c **Pegad los textos por la clase para que vuestros compañeros puedan leerlos y, entre todos, decidid qué país sigue una dieta mejor. No olvidéis justificar vuestra elección.**

6 Ropa y complementos

OBJETIVOS

- Decir qué ropa lleva otra persona
- Hacer comparaciones
- Comprar un artículo en una tienda de ropa
- Expresar deseos
- Pedir permiso
- Dar permiso

1 a **Lee las palabras del recuadro y busca en un diccionario cinco que no conozcas.**

• blusa	• traje	• pijama	• cazadora	• vestido	• vaqueros
• abrigo	• chaqueta	• medias	• jersey	• zapatos	• camisa
• braga	• camiseta	• botas	• corbata	• calcetines	• pantalones
• calzoncillos	• sujetador	• falda	• bañador	• biquini	• sombrero
• pañuelo	• guantes	• bufanda	• gorra		

b **Pregunta a tus compañeros el significado de las que te faltan.**

c **Mira el dibujo y subraya en el recuadro anterior los nombres de las prendas que veas.**

Fonética

¿La sílaba más fuerte?

2 a Copia todas las palabras de la actividad 1.

b Escucha y subraya la sílaba más fuerte.
1|31

c Escucha y repite.
1|32

3 **Siéntate de espaldas a tu compañero y no le mires. Intenta recordar o adivinar cómo va vestido y díselo. Él te dirá si es verdad o no.**

- Llevas (una blusa blanca, unos vaqueros azules, unas botas negras...)
- (No, las botas no son negras.)
- (Marrones.)
- (Sí.)
- ...

4 **Elige a un compañero y anota todo lo que lleva (puesto). Luego, díselo a la clase. ¿Saben quién es?**

5 Escucha y lee.

1|33

- Perdone, ¿cuánto cuesta esa blusa?
- Cuarenta y siete euros.
- ¿Y la blanca?
- Sesenta y dos. Es más cara que la otra, pero es mejor.

6 Fíjate.

Comparativos

Superioridad	*Más* + adjetivo + *que*
Igualdad	*Tan* + adjetivo + *como*
Inferioridad	*Menos* + adjetivo + *que*

Comparativos irregulares

Más bueno → **mejor**
Más malo → **peor**
Más grande → **mayor**
Más pequeño → **menor**

- El vestido es **más** bonito **que** la falda, ¿verdad?
- Los vaqueros son **tan** caros **como** el jersey.

7 Ahora observa de nuevo el dibujo de la actividad 1c y escribe la palabra que corresponda.

1. Es más cara que el vestido.
La chaqueta

2. Es más corta que el vestido.
....

3. Es tan caro como el traje.
....

4. No son tan caros como la corbata.
....

5. Son tan caros como el jersey.
....

6. No es tan cara como la camiseta.
....

8 a **Observa el dibujo. Luego, busca los adjetivos necesarios para comparar las prendas.**

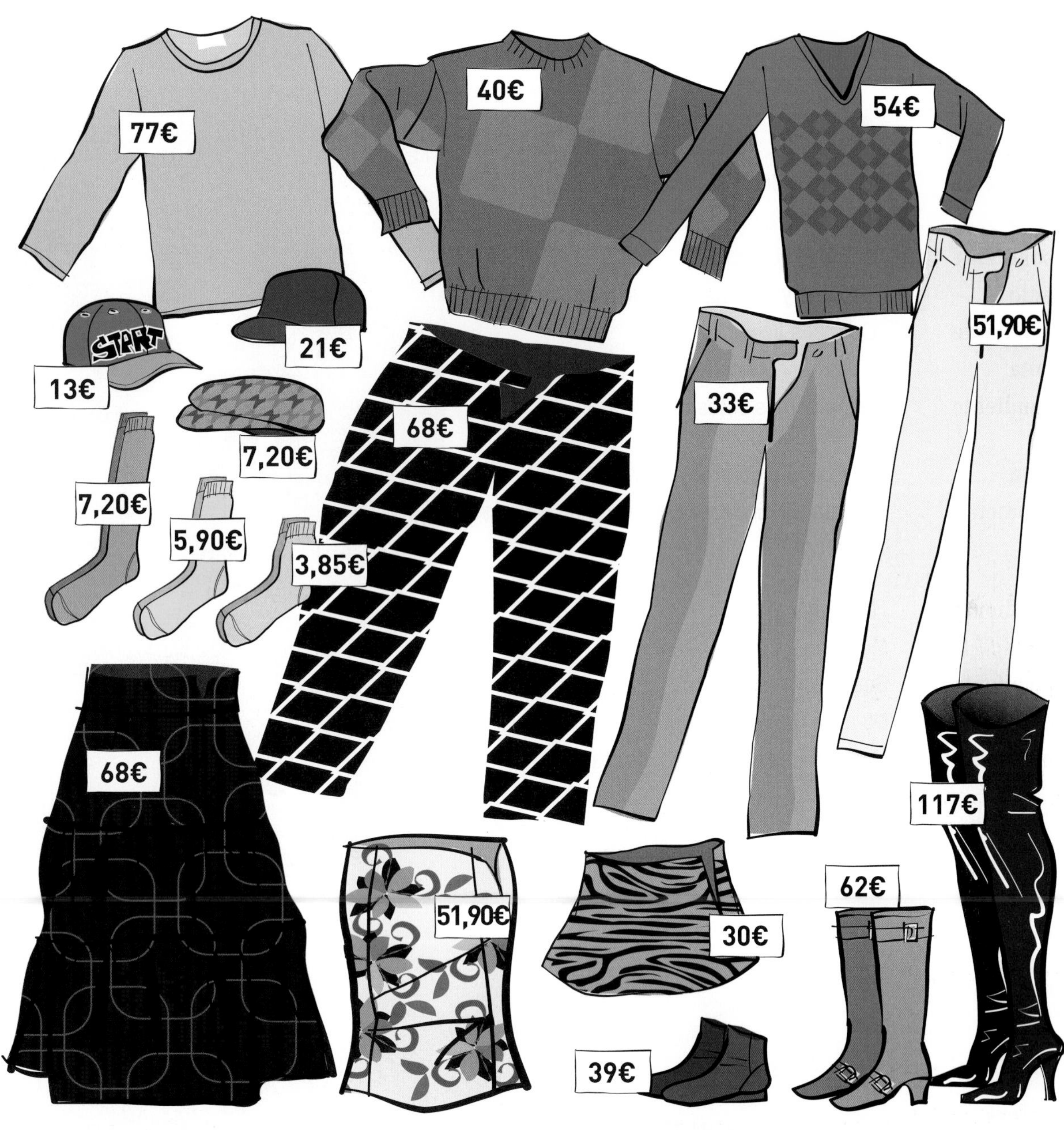

• Ancho-a/s	• Bonito-a/s	• Alto-a/s	• Moderno-a/s
• Estrecho-a/s	• Feo-a/s	• Bajo-a/s	
• Cómodo-a/s	• Caro-a/s	• Largo-a/s	
• Incómodo-a/s	• Barato-a/s	• Corto-a/s	

b **Prepara frases sin mencionar de qué prenda se trata y díselas a tu compañero. ¿Sabe de qué prenda estás hablando?**

- Son más anchos que los pantalones grises.
- ○ Los pantalones negros.
- Sí.

En una tienda

9 **Escucha y lee.**

1|34

Dependiente	Buenas tardes. ¿Qué desea?
Clienta	¡Hola! Quiero un vestido para mí.
Dependiente	¿Cómo lo quiere?
Clienta	Pues rojo y… no sé… Sí, de algodón.
Dependiente	¿Qué talla tiene?
Clienta	La treinta y ocho.
Dependiente	Mire, tenemos estos modelos. ¿Le gusta alguno?
Clienta	Sí. ¿Puedo probarme este?
Dependiente	Sí, claro. El probador está al fondo, a la izquierda.
	(…)
Dependiente	¿Qué tal le queda?
Clienta	Muy bien. ¿Cuánto cuesta?
Dependiente	Sesenta y ocho euros.
Clienta	De acuerdo. Me lo llevo.
Dependiente	Muy bien. Pase por caja, por favor.

10 **a** **Fíjate.**

Pronombres de objeto directo

	Masculino	Femenino
Singular	lo	la
Plural	los	las

- ¿Le gusta este abrigo?
- No. **Lo** quiero más largo.

- ¿Le gusta esta falda?
- No. **La** quiero más corta.

b **Elige una prenda de la actividad 1 y practica con un compañero el diálogo de la actividad 9.**

11 Escucha este diálogo entre un cliente y el dependiente de una tienda. Escribe:

1|35

1. ¿Qué quiere? ....
   ....
2. ¿Cómo la quiere?.................
   ....
3. ¿Cuánto cuesta?...................
   ....
4. ¿Para quién es?
   ....
5. ¿De qué talla?
   ....
6. ¿Cómo le queda?
   ....
7. ¿La compra?
   ....

12 a Ahora vosotros.

Alumno A

Eres el dependiente de una tienda de ropa.

Alumno B

Estás en una tienda de ropa y quieres comprar algo para un amigo, pero no sabes qué.
No puedes gastar más de treinta euros.
Tu amigo tiene la misma talla que tú.

b Cambiad de papel.

Un chiste

1 a **Mira este chiste.**

b **Busca en el diccionario el significado de *colocar* y *quitar*.**

c **Ahora pregunta a tu profesor qué significan *loco* y *loquita*.**

d **¿Entiendes ahora el chiste?**

2 a **En parejas, escribid un diálogo en las burbujas.**

b **Decidles a vuestros compañeros lo que habéis escrito. ¿Coincide con lo creado por alguna pareja?**

c **¿Te gusta mucho el diálogo escrito por alguna pareja? ¿Te han enseñado algo tus compañeros en esta actividad? Si lo deseas, puedes tomar nota de ello.**

Me gusta mucho el diálogo escrito por Miyuki y Max, y he aprendido la frase "Estoy harto de comprar".

Recuerda

COMUNICACIÓN

Hacer comparaciones

- Eres más alto que yo.
- Luisa es tan graciosa como Isabel.

GRAMÁTICA

Comparaciones con adjetivos

- *más* + adjetivo + *que*
- *tan* + adjetivo + *como*
- *no* + verbo + *tan* + adjetivo + *como*
- *menos* + adjetivo + *que*

(Ver resumen gramatical, apartado 13)

COMUNICACIÓN

Comprar ropa

- Buenos días. ¿Qué desea?
- o Un jersey.
- ¿De qué color lo quiere?
- o Negro.
- ¿Es para usted?
- o Sí.
- ¿Qué talla tiene?
- o La 40. ¿Puedo probarme este?
- Sí, claro. El probador está al fondo, a la izquierda.

Expresar deseos

- Quiero una cazadora de tela.
- o ¿De qué color la quiere?
- Azul marino.

GRAMÁTICA

Pronombres de objeto directo

Lo, la, los, las.

(Ver resumen gramatical, apartado 4.2)

Pedir permiso

- ¿Puedo probarme esta blusa?

Dar permiso

- Sí, claro. El probador está al final, a la derecha.

Materiales complementarios

1 a Bingo de ropa. En grupos de cinco. Un alumno dice las palabras de la lista en el orden que desee y cada compañero marca en su cartón los dibujos correspondientes a las palabras que escucha. El primero que marca todos los dibujos dice "¡Bingo!".

- falda
- blusa
- camisa
- vestido
- sujetador
- calzoncillos
- calcetines
- braga
- chaqueta
- camiseta
- traje
- abrigo
- zapatos
- vaqueros
- pantalones de vestir
- botas
- corbata
- cazadora
- medias
- jersey

Cartón del Alumno A

Cartón del Alumno B

Cartón del Alumno C

Cartón del Alumno D

b **Si has cantado bingo, enséñales el cartón a tus compañeros y di el nombre de cada una de las prendas que hay en él. Si cometes algún error, continuad el juego.**

2 **De compras. Sigue las instrucciones de tu recuadro.**

Alumno A
¡No mires la parte del alumno B!

1. Ordena las palabras y escribe y puntúa las frases.

le qué queda tal

¿Qué tal le queda?

qué días desea buenos

....

dos y euros ochenta

....

por acuerdo caja de favor por pase

....

cuarenta le talla esta de tenemos gusta la

....

la cómo quiere

....

está derecha a probador al claro el sí final la

....

2. Compara y corrige con otro alumno A. Luego, decidid el posible orden de esas frases en un diálogo en una tienda.

3. Habla con un alumno B para completar el diálogo en una tienda con las frases que te faltan y que él tiene.

4. Practica con tu compañero para comprar otra prenda. Luego, cambiad de papel y comprad otra.

Alumno B
¡No mires la parte del alumno A!

1. Ordena las palabras y escribe y puntúa las frases.

una buenos camisa días quiero

Buenos días. Quiero una camisa.

cara la es pero un me poco llevo

....

preciosa sí probármela es puedo

....

cuánto bien muy cuesta

....

bastante cuarenta ancha de pues cómoda talla negra la y

....

2. Compara y corrige con otro alumno B. Luego, decidid el posible orden de esas frases en un diálogo en una tienda.

3. Habla con un alumno A para completar el diálogo en una tienda con las frases que te faltan y que él tiene.

4. Practica con tu compañero para comprar otra prenda. Luego, cambiad de papel y comprad otra.

7 ¡Feliz cumpleaños!

OBJETIVOS

- Expresar lo que se está haciendo
- Expresar que no se recuerda
- Felicitar a alguien el día de su cumpleaños
- Responder a felicitaciones
- Ofrecer regalos
- Valorar cosas
- Expresar admiración
- Ofrecer comida o bebida y aceptarla o rechazarla
- Preguntar y decir la fecha del cumpleaños

1 ¿Verdadero o falso? Observa el dibujo. Luego, lee las frases y señala lo que está haciendo cada persona.

	V	F
1. La chica de la falda amarilla está bebiendo vino.	☐	☐
2. El señor del bigote está bailando.	☐	☐
3. La señora del vestido verde está abriendo la puerta.	☐	☐
4. El chico de la camisa blanca está sentándose.	☐	☐
5. La chica de los pantalones rojos está hablando con otra chica.	☐	☐
6. El chico de la cazadora marrón está comiendo algo.	☐	☐
7. La señora del vestido rojo está viendo un CD.	☐	☐
8. El chico de los pantalones marrones está escribiendo.	☐	☐
9. El señor de las gafas está quitándose la chaqueta.	☐	☐

2 Fíjate.

a

Estar + gerundio

Para referirnos a una acción que se realiza en el momento en el que estamos hablando o del que estamos hablando.

Estar	+ gerundio
Estoy Estás	bail**ando**
Está Estamos	beb**iendo**
Estáis Están	sal**iendo**

Gerundio: verbos regulares

-AR	-ER	-IR
-ando	-iendo	-iendo

- trabaj**ando**
- com**iendo**
- escrib**iendo**

b **Lee de nuevo las frases de la actividad 1 y completa este cuadro.**

	-AR	-ER	-IR	Verbos reflexivos
Infinitivo	bailar hablar	comer beber ver	escribir abrir	sentarse quitarse
Gerundio	bailando	comiendo	escribiendo	sentándose ....

c **Observa cómo se forma el gerundio irregular de algunos verbos.**

Cambio vocálico *e→i*

decir → diciendo
pedir → pidiendo
repetir → repitiendo
vestirse → vistiéndose

Cambio vocálico *o→u*

dormir → durmiendo
morir → muriendo

Vocal + *er/ir* → *y* en algunos verbos

leer → leyendo
oír → oyendo

3 a **Observa otra vez el dibujo de la actividad 1 y prepara cinco frases de "¿Verdadero o falso?" para tu compañero.**

La chica de la camiseta azul está bailando.

b **Ahora díselas. ¿Sabe si son verdaderas o falsas sin mirar el dibujo?**

4 **¿Tenéis buena memoria? En parejas. Tapad la ilustración de la actividad 1 y preguntad qué están haciendo estas personas:**

La chica de la falda naranja	El señor de las gafas	La chica de la falda amarilla	El chico de la camisa blanca	La señora del vestido verde

- ¿Qué está haciendo la chica de la falda naranja?
- Está hablando con otra chica.
  No me acuerdo (bien/muy bien).

- Sí.
  (Me parece que) No. (Creo que) Está...

5 a **Escucha esta conversación. ¿Cuántos verbos dicen en gerundio?**

1|36

b **Escucha y completa el cuadro.**

1|37

	¿Dónde está?	¿Qué está haciendo?
La abuela		
Marta		
Carlitos		
Sonia		

Una clase sin profesor

6 a En parejas.

Alumno A

Mira el dibujo y escribe un nombre al lado de cada una de las personas. Luego, responde a las preguntas de tu compañero.

- Antonio
- Laura
- Olga
- Javier
- Luis
- Marisol
- Alicia
- Cristina
- Marisa
- David
- Miguel
- Julio
- Nuria

Alumno B

Pregunta al alumno A qué está haciendo cada una de las siguientes personas y escribe el nombre correspondiente al lado de cada personaje del dibujo.

- Antonio
- Laura
- Olga
- Javier
- Luis
- Marisol
- Alicia
- Cristina
- Marisa
- David
- Miguel
- Julio
- Nuria

b Ahora podéis cambiar de papel y realizar de nuevo la actividad.

7 a **Imagina que estás haciendo una cosa. Piensa, también, dónde la estás haciendo y escríbelo en un papel.**

Estoy nadando en el mar.

b **Ahora haz mimo. Tus compañeros tienen que adivinar qué estás haciendo y dónde. Tú solo puedes decir "sí" o "no".**

- ¿Estás nadando?
- Sí.
- ¿Estás nadando en un río?
- No.
- ¿En una piscina?
- No.
- ¿Estás nadando en el mar?
- Sí.

Fonética

Entonación

8 a **Escucha y marca la frase que oigas.**

1|38

1. A: Quiere una infusión. B: ¿Quiere una infusión? C: ¡Quiere una infusión!	**6.** A: Va todos los días al cine. B: ¿Va todos los días al cine? C: ¡Va todos los días al cine!
2. A: Solo tiene 10 000 habitantes. B: ¿Solo tiene 10 000 habitantes? C: ¡Solo tiene 10 000 habitantes!	**7.** A: Están durmiendo. B: ¿Están durmiendo? C: ¡Están durmiendo!
3. A: Le gusta el vino. B: ¿Le gusta el vino? C: ¡Le gusta el vino!	**8.** A: Está de vacaciones. B: ¿Está de vacaciones? C: ¡Está de vacaciones!
4. A: Porque no quieres. B: ¿Por qué no quieres? C: ¡Porque no quieres!	**9.** A: Porque no trabajas. B: ¿Por qué no trabajas? C: ¡Porque no trabajas!
5. A: Está leyendo la sección de deportes. B: ¿Está leyendo la sección de deportes? C: ¡Está leyendo la sección de deportes!	**10.** A: No estás haciendo nada. B: ¿No estás haciendo nada? C: ¡No estás haciendo nada!

b **Escucha y repite esas frases.**

1|39

c **En parejas. Elegid una frase del apartado a) e incluidla en un diálogo entre dos personas. Luego, escribid el diálogo.**

d **Ahora representadlo. Vuestros compañeros tienen que decir qué frase es exactamente.**

En una fiesta

9 a Escucha y lee.

1|40

Paco ¡Hola! ¡Felicidades!
Lola ¡Hola! Gracias, Paco.
Paco ¡Feliz cumpleaños! Toma, esto es para ti.
Lola Humm… Muchas gracias. A ver, a ver qué es… ¡Unos pendientes! ¡Qué bonitos!
Paco ¿Te gustan?
Lola Me encantan. Ahora te presento a la gente, pero antes vamos a comer algo.
Paco ¡Buena idea!
Lola Coge, coge.
Paco Sí, gracias… Humm… ¡qué buenos están estos canapés!

Lola ¿Quieres un poco de vino?
Paco Sí, pero solo un poco.
(…)
Lola Coge un trozo de tarta, que está muy buena.
Paco No, de verdad, gracias. Es que ya no puedo más.

b Responde.

- ¿Cuántas veces ofrecen cosas?
- ¿Cuántas veces las aceptan?
- ¿Cuántas las rechazan?

10 Escucha y repite.

1|41

- ¡Felicidades!
- ¡Feliz cumpleaños!
- Toma, esto es para ti.
- ¡Unos pendientes! ¡Qué bonitos!
- ¡Qué buenos están estos canapés!
- ¿Quieres un poco de vino?
- Coge, coge un poco de tarta, que está muy buena.
- No, de verdad, gracias. Es que ya no puedo más.

11 a En parejas.

Alumno A
Tu compañero está en tu casa. Ofrécele alguna de estas cosas.

- ¿Quieres un zumo de naranja?
- Coge un poco de jamón, que está muy bueno.

Alumno B
Estás en casa de tu compañero. Él te va a ofrecer cosas.
Tú puedes aceptarlas o rechazarlas.
Si rechazas algo, dile por qué.

b Ahora cambiad de papel.

El día del cumpleaños

12 a **Lee el diálogo e intenta adivinar el día del cumpleaños de Kristina.**

ENERO

LU	MA	MI	JU	VI	SA	DO
						1
2	3	4	5	6	7	8
9	10	11	12	13	14	15
16	17	18	19	20	21	22
23	24	25	26	27	28	29
30	31					

FEBRERO

LU	MA	MI	JU	VI	SA	DO
		1	2	3	4	5
6	7	8	9	10	11	12
13	14	15	16	17	18	19
20	21	22	23	24	25	26
27	28					

MARZO

LU	MA	MI	JU	VI	SA	DO
		1	2	3	4	5
6	7	8	9	10	11	12
13	14	15	16	17	18	19
20	21	22	23	24	25	26
27	28	29	30	31		

ABRIL

LU	MA	MI	JU	VI	SA	DO
					1	2
3	4	5	6	7	8	9
10	11	12	13	14	15	16
17	18	19	20	21	22	23
24	25	26	27	28	29	30

MAYO

LU	MA	MI	JU	VI	SA	DO
1	2	3	4	5	6	7
8	9	10	11	12	13	14
15	16	17	18	19	20	21
22	23	24	25	26	27	28
29	30	31				

JUNIO

LU	MA	MI	JU	VI	SA	DO
			1	2	3	4
5	6	7	8	9	10	11
12	13	14	15	16	17	18
19	20	21	22	23	24	25
26	27	28	29	30		

JULIO

LU	MA	MI	JU	VI	SA	DO
					1	2
3	4	5	6	7	8	9
10	11	12	13	14	15	16
17	18	19	20	21	22	23
24	25	26	27	28	29	30
31						

AGOSTO

LU	MA	MI	JU	VI	SA	DO
	1	2	3	4	5	6
7	8	9	10	11	12	13
14	15	16	17	18	19	20
21	22	23	24	25	26	27
28	29	30	31			

SEPTIEMBRE

LU	MA	MI	JU	VI	SA	DO
				1	2	3
4	5	6	7	8	9	10
11	12	13	14	15	16	17
18	19	20	21	22	23	24
25	26	27	28	29	30	

OCTUBRE

LU	MA	MI	JU	VI	SA	DO
						1
2	3	4	5	6	7	8
9	10	11	12	13	14	15
16	17	18	19	20	21	22
23	24	25	26	27	28	29
30	31					

NOVIEMBRE

LU	MA	MI	JU	VI	SA	DO
		1	2	3	4	5
6	7	8	9	10	11	12
13	14	15	16	17	18	19
20	21	22	23	24	25	26
27	28	29	30			

DICIEMBRE

LU	MA	MI	JU	VI	SA	DO
				1	2	3
4	5	6	7	8	9	10
11	12	13	14	15	16	17
18	19	20	21	22	23	24
25	26	27	28	29	30	31

Ahmed ¿Es en mayo?
Kristina No, después.
Paul ¿En octubre?
Kristina No, antes.
Ahmed ¿En septiembre?
Kristina Sí.
Helga ¿El 22 de septiembre?
Kristina Antes.
Valeria ¿El día 12?
Kristina Casi, casi, pero no es ese día.
Yao ¿Más tarde?
Kristina Sí.
Yao Es el...

b **Intenta adivinar, con tus compañeros, qué día es el cumpleaños del profesor o la profesora.**

13 **En parejas. Ahora adivina qué día cumple los años tu compañero. Luego, él adivinará el tuyo. ¿Quién necesita hacer menos preguntas para conseguirlo?**

14 **Pregunta a tus compañeros qué día es su cumpleaños y haz una lista con los nombres y las fechas. ¡No te olvides de felicitarles el día de su cumpleaños!**

- ¿Qué día es tu cumpleaños?
- ○ El veintiséis de junio. ¿Y el tuyo?
- (El mío es) El cinco de marzo.

15 **En grupos de cuatro [A, B, C y D].**

Alumno A

Es tu cumpleaños y has invitado a varios amigos y amigas a una fiesta en tu casa. Piensa en la comida y bebida que vas a preparar.

Ofrece a tus invitados lo que has preparado.

Alumno B

Un amigo tuyo (A) te ha invitado a una fiesta de cumpleaños en su casa. Decide qué le vas a regalar.

Felicita a tu amigo y entrégale el regalo.

Alumno C

Un amigo tuyo (A) te ha invitado a una fiesta de cumpleaños en su casa. Decide qué le vas a regalar.

Felicita a tu amigo y entrégale el regalo.

Alumno D

Un amigo tuyo (A) te ha invitado a una fiesta de cumpleaños en su casa. Decide qué le vas a regalar.

Felicita a tu amigo y entrégale el regalo.

El Día de los Muertos

1 a **Estas fotos corresponden a unos actos que se realizan cada año en México. Obsérvalas y di si te hacen pensar en algo alegre o triste.**

b **Lee y comprueba. Puedes usar el diccionario.**

Los días uno y dos de noviembre se celebra en México la Fiesta de los Muertos, una de las más importantes del año. Curiosamente, no son unos días tristes, sino muy alegres. Ello es debido a la especial relación que el mexicano tiene con la muerte, una relación natural en la que la idea de la muerte no causa el miedo que produce en otros países. En muchos lugares de México, esos días los muertos reciben la bienvenida al mundo de los vivos y muchos familiares van a los cementerios a comer y a llevar a los muertos las cosas que más les gustaban cuando estaban vivos. Hay personas que incluso organizan conciertos ante la tumba. Y en las casas se hacen altares en torno al retrato del difunto.

La flor típica de esa fiesta es la caléndula, que según los mexicanos provoca la alegría de los muertos. No son pocas las personas que las utilizan para hacer un camino desde la tumba hasta sus casas. También son típicas las *calacas*, cráneos de azúcar o chocolate, muy decorados, que se regalan y llevan el nombre de la persona a la que van destinados. Esos días podemos ver, además, figuras de papel, cartón, azúcar, etcétera, que representan a los muertos realizando actividades de la vida cotidiana: hablan por teléfono, viajan, venden cosas...

c **Lee de nuevo y subraya la opción apropiada.**

- Los dos primeros días de noviembre, muchos mexicanos están muy **contentos/preocupados**.
- En México, la muerte produce **más/menos** miedo que en otras partes del mundo.
- Esos días, **poca/mucha** gente toma los platos favoritos de sus muertos.
- Muchos mexicanos creen que existe una flor que ayuda a los muertos a estar **contentos/tristes**.
- Las *calacas* se pueden **beber/comer**.

d ¿Hay algo que te sorprenda? Díselo a la clase.

e Y en tu país, ¿cómo se celebra el Día de los Muertos? Coméntalo con tus compañeros.

Recuerda

COMUNICACIÓN

Decir qué se está haciendo

- ¿Qué haces?
- Estoy esperando a Gustavo.

GRAMÁTICA

Estar + gerundio

(Ver resumen gramatical, apartados 3.6 y 14)

Verbo *estar*
Descripción de situaciones
(*estar* + gerundio)

- Luis está viendo la televisión y Julia está leyendo.

COMUNICACIÓN

Ofrecer regalos

- Toma, esto es para ti.

GRAMÁTICA

Para + pronombres personales

(Ver resumen gramatical, apartado 4.5)

COMUNICACIÓN

Expresar admiración

- ¡Qué bonita es!
- ¡Qué originales!

GRAMÁTICA

Frases exclamativas
¡*Qué* + adjetivo (+ verbo)!

(Ver resumen gramatical, apartado 11)

COMUNICACIÓN

Preguntar y decir la fecha del cumpleaños

- ¿Qué día es tu cumpleaños?
- El treinta y uno de octubre.

GRAMÁTICA

Verbo *ser*
Valoración de objetos

- (Este reloj) Es precioso.

Localización en el tiempo

- Mi cumpleaños es el dos de enero.

(Ver resumen gramatical, apartado 6.1)

COMUNICACIÓN

Ofrecer comida o bebida y aceptarla o rechazarla

- ¿Quieres un poco de vino?
- Sí, gracias. (Pero muy poco). / No, gracias. / No, de verdad, gracias. Es que ya no puedo más.

GRAMÁTICA

Verbo *estar*
Valoración de alimentos consumidos

- ¡Qué buena está esta tarta!

(Ver resumen gramatical, apartado 6.2)

¿Bien o mal?: Las tres en raya

1 **En grupos de tres. Por turnos, cada alumno elige una casilla, dice si la frase que hay en ella está bien o mal y, en este caso, la corrige. Si sus compañeros están de acuerdo con él, escribe su nombre en la casilla (si hay alguna duda, consultan al profesor). Gana quien obtiene tres casillas seguidas.**

El chico el bigote está diciendo algo.	A ver, a ver qué hay en este sobre...	No, no, gracias. Es que ya puedo más. He comido mucho.	Ángel está dormiendo, ¿verdad?
¿Quieres un poco queso?	Mi cumpleaños es en cuatro de mayo.	Teresa está se poniendo la chaqueta.	Toma, este regalo es por ti.
Pues yo estoy lavándome las manos para empezar a hacer la comida.	La chica de los pantalones negros está haciendo nada.	Toma, toma un poco más, que te gusta mucho.	¡Qué buena está esta tortilla!
Me parece que Marta está jugando con un amigo en el jardín.	¡Qué simpático eres!	Ahora estoy leyendo un libro muy, muy interesante.	Creo que Jorge está bañándose en la piscina.

2 a Buscad ocho diferencias. En parejas (Alumno A y Alumno B). Habla con tu compañero para descubrir ocho diferencias entre tu dibujo y el suyo, y tomad nota de ellas.

Alumno A: En el banco de la izquierda, un señor está durmiendo.

Alumno B: En mi dibujo, también. Y en ese banco hay también una chica que está leyendo un periódico.

Alumno A: En el mío, está leyendo un libro.

Alumno A
¡No mires el dibujo del alumno B!

Alumno B
¡No mires el dibujo del alumno A!

b Comparad los dos dibujos. ¿Habéis encontrado todas las diferencias?

8 Contar un viaje

OBJETIVOS

- Hablar del pasado
- Contar un viaje

1 **Mira estas fotos y responde a las preguntas.**

Las Ramblas

El Barrio Gótico

La Sagrada Familia

El parque Güell

La catedral

La Fundación Miró

- ¿Te gustan?
- ¿Sabes de qué ciudad son?
- ¿Has estado alguna vez allí?
- ¿Por qué es famosa?

2 **Lee esta postal enviada desde Barcelona y di los lugares de la actividad 1 que ha visitado Cristina.**

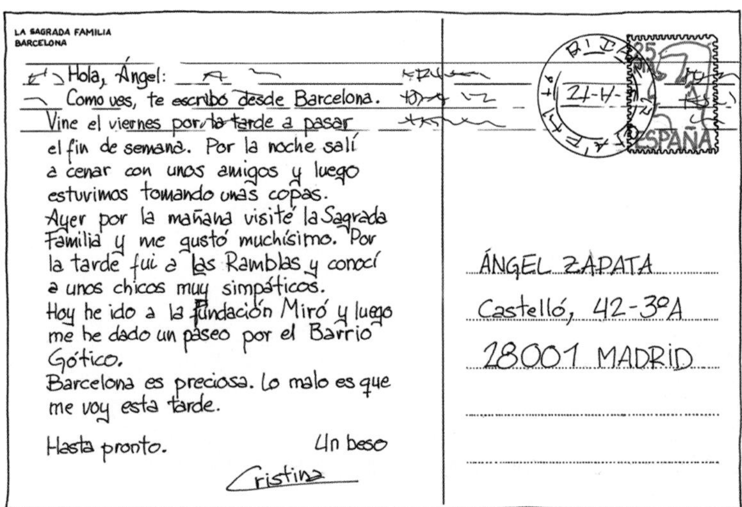
LA SAGRADA FAMILIA
BARCELONA

Hola, Ángel:
Como ves, te escribo desde Barcelona.
Vine el viernes por la tarde a pasar el fin de semana. Por la noche salí a cenar con unos amigos y luego estuvimos tomando unas copas.
Ayer por la mañana visité la Sagrada Familia y me gustó muchísimo. Por la tarde fui a las Ramblas y conocí a unos chicos muy simpáticos.
Hoy he ido a la Fundación Miró y luego me he dado un paseo por el Barrio Gótico.
Barcelona es preciosa. Lo malo es que me voy esta tarde.

Hasta pronto. Un beso
Cristina

ÁNGEL ZAPATA
Castelló, 42-3ºA
28001 MADRID

3 a **En el texto de la postal aparecen verbos en pretérito indefinido. Léela de nuevo y escribe las formas, de los siguientes verbos, que corresponden a ese tiempo.**

Venir → vine Gustar → Estar → Conocer →
Salir → Visitar → Ir →

- ¿Cuáles son irregulares?

b **Fíjate.**

Pretérito indefinido

Verbos regulares

	-AR	-ER	-IR
	VISITAR	CONOCER	SALIR
(yo)	visité	conocí	salí
(tú)	visitaste	conociste	saliste
(él/ella/usted)	visitó	conoció	salió
(nosotros/nosotras)	visitamos	conocimos	salimos
(vosotros/vosotras)	visitasteis	conocisteis	salisteis
(ellos/ellas/ustedes)	visitaron	conocieron	salieron

Verbos irregulares

	IR/SER	ESTAR	VENIR	HACER
(yo)	fui	estuve	vine	hice
(tú)	fuiste	estuviste	viniste	hiciste
(él/ella/usted)	fue	estuvo	vino	hizo
(nosotros/nosotras)	fuimos	estuvimos	vinimos	hicimos
(vosotros/vosotras)	fuisteis	estuvisteis	vinisteis	hicisteis
(ellos/ellas/ustedes)	fueron	estuvieron	vinieron	hicieron

Fonética

4 a Escucha y subraya la sílaba más fuerte de estas formas verbales en pretérito indefinido.

2|1

visité	salí	fui	hice	estuve
conociste	visitaste	estuviste		
visitó	salió	fue	vino	estuvo
conocimos	visitamos	estuvimos		
salisteis	vinisteis	estuvisteis		
visitaron	conocieron	estuvieron		vinieron

b Ahora subraya la sílaba más fuerte de las formas que aparecen en 3b.

5 a Lee estas referencias temporales (con ellas usamos el pretérito indefinido).

Ayer | Hace dos semanas | En Navidad
Anteayer | El otro día | El mes pasado
En 2009 | El año pasado | En julio
Hace tres meses | La semana pasada | El 15 de junio de 1977

b Ordénalas y colócalas en esta "línea del tiempo" (de la más próxima a la más alejada del presente).

hoy

ayer

6 a En grupos de cuatro. Piensa en algo importante que hiciste en alguno de los momentos citados en la actividad anterior y escríbelo.

El año pasado conocí a mi novio.

b Coméntalo con tus compañeros. ¿Hizo alguien algo interesante, divertido, sorprendente o extraño?

7 Escucha y repite lo que oigas solo si es verdadero. Si es falso, no digas nada.

2|2

8 **¿Qué palabras o qué expresión te sugiere cada uno de estos dibujos? Escríbelas.**

- Hacer una reserva por internet
- Pensión completa
- Ir de *camping*
- Hacer autoestop
- Alojarse en un hotel
- Media pensión
- Ir de excursión
- Coger/Tomar el avión
- Alojamiento y desayuno
- Hacer la maleta

1

2

3

4

5

6

7

8

9

10

9 a **Escribe en la columna correspondiente cuándo hiciste estas cosas por última vez.**

	Tú	Tu compañero
1. Ir de *camping*.		
2. Hacer la maleta.		
3. Coger el avión.		
4. Hacer autoestop.		
5. Pasar un fin de semana en el campo.		
6. Alojarse en un hotel.		
7. Ir de excursión.		
8. Viajar en barco.		
9. Reservar una habitación por internet.		
10. Alojarse en régimen de media pensión.		

b **Ahora pregúntale a tu compañero y escribe sus respuestas en la otra columna.**

- ¿Cuándo fuiste de *camping* por última vez?
- El verano pasado. / En agosto. / Hace tres semanas. / ... ¿Y tú?
- Yo, (hace dos años).

c **Compara sus respuestas con las tuyas. Luego, habla con otros compañeros y averigua cuál es la pareja de la clase que coincide en más cosas.**

Pues (Diana) y yo (fuimos de *camping* el año pasado) y...

10 **¿Verdadero o falso? Escucha esta conversación y marca la opción correcta.**

2|3

	V	F
1. Llegó a Toledo a las diez de la noche.	☐	☐
2. Comprobó su correo electrónico y entró en internet.	☐	☐
3. Por la mañana estuvo en la catedral.	☐	☐
4. Por la noche fue a una discoteca.	☐	☐
5. No bailó nada en la discoteca.	☐	☐
6. Volvió a Madrid el domingo por la mañana.	☐	☐

11 En parejas.

Alumno A

1. Usa las pautas para preguntarle al alumno B lo que no sabes sobre el viaje que hizo Maite y escribe las respuestas. Usa la información de los dibujos para responder a sus preguntas.

¿Adónde fue?

Lu	Ma	Mi	Ju	Vi	Sa	Do
	1	2	3	4	5	6
7	8	9	10	11	12	13
14	15	16	17	18	19	20
21	22	23	24	25	26	27
28	29	30	31			

Julio

¿Cómo?

¿Con quién?

¿Actividades/domingo? **¿Gustar/comida?**

2. Comprueba si coincide lo que has escrito con los dibujos de tu compañero.

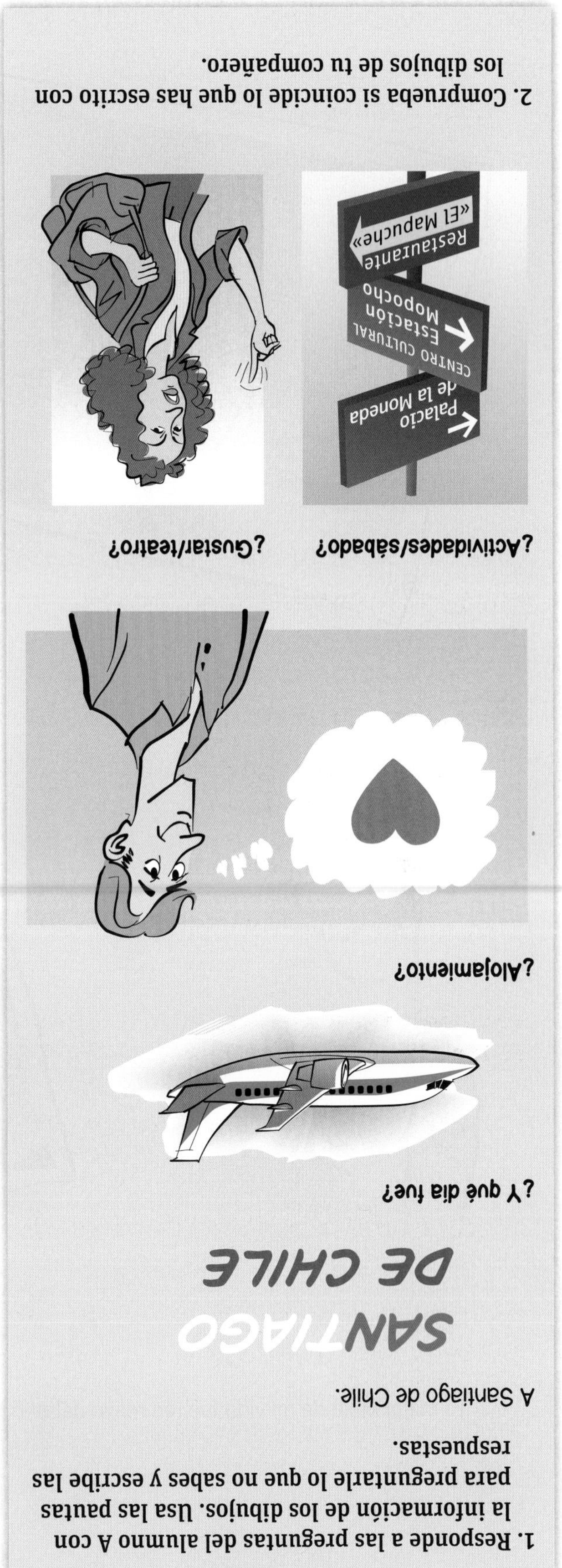

Alumno B

1. Responde a las preguntas del alumno A con la información de los dibujos. Usa las pautas para preguntarle lo que no sabes y escribe las respuestas.

A Santiago de Chile.

¿Y qué día fue?

¿Alojamiento?

¿Actividades/sábado? **¿Gustar/teatro?**

2. Comprueba si coincide lo que has escrito con los dibujos de tu compañero.

12 **Piensa en el mejor viaje de tu vida (o en uno de los mejores). Luego, cuéntaselo a tus compañeros. Puedes fijarte en la actividad anterior.**

El mejor viaje de mi vida fue (en mayo del año pasado. Fui con mis amigos a...)

13 a **Imagina que estás pasando el fin de semana en un lugar que te gusta mucho. Escribe una postal a un compañero de clase, pero ¡no la firmes!**

¡Hola!...
Como ves, estoy en...
Ayer fui..., estuve...

b **Dásela a tu profesor para que la exponga en la clase. Cada destinatario deberá adivinar quién le ha escrito.**

Las islas Galápagos

1 a Averigua qué significan las palabras que no entiendas.

- volcánico
- medioambiente
- fauna
- evolución
- flora
- científico
- especies (animales y vegetales)
- galápago

b Las palabras anteriores aparecen en el artículo sobre las islas Galápagos. Utilízalas para expresar la información que crees que encontrarás en él.

c Lee el texto y comprueba.

Las islas Galápagos están situadas en el océano Pacífico, a unos 1000 kilómetros al oeste de Ecuador, país al que pertenecen. Son de origen volcánico; su fauna y su flora tienen mucho interés científico, y una buena parte de sus especies animales son únicas en el mundo.

Allí viven muchos animales que han desarrollado características especiales para adaptarse al medioambiente. Así, existen diferencias entre animales de la misma especie de las Galápagos y del continente americano, e incluso entre animales de las distintas islas.

Eso lo observó y lo analizó el famoso naturalista inglés Charles Darwin cuando visitó las islas en 1835. Varios años más tarde publicó *El origen de las especies*, obra en la que expone sus teorías de la evolución de las especies; en ella explica que los animales y las plantas evolucionan cuando se adaptan al ambiente en que se desarrollan.

Desde 1959 son parque nacional de Ecuador. Aquel año se creó también la Estación de Investigación Charles Darwin, donde trabajan científicos de diversos países. En 1979, la UNESCO las declaró Patrimonio Natural de la Humanidad.

En la actualidad, el turismo está regulado por leyes muy estrictas que tienen como objetivo la protección de la flora y la fauna. Una de ellas establece que todas las personas que visiten el parque nacional deben ir acompañadas por un guía.

Entre sus muchos animales característicos podemos destacar los leones marinos, la iguana marina y la tortuga gigante. Esta última, llamada también galápago, vive unos 150 años y llega a pesar 300 kilos. Una peculiaridad de los animales de las Galápagos es que no tienen miedo al hombre; por eso es posible tocarlos y nadar o caminar entre ellos.

d **¿Qué informaciones te han parecido más interesantes? Habla de ellas con tus compañeros.**

Recuerda

COMUNICACIÓN

Hablar del pasado

- ● ¿Qué hiciste el sábado?
- ○ Estuve en Salamanca.
- ● ¿Con quién fuiste?
- ○ Con Alicia.
- ● ¿Qué viste?
- ○ La Plaza Mayor, la Casa de las Conchas, la catedral...
- ● ¿Te gustó?
- ○ Sí, mucho.

GRAMÁTICA

Pretérito indefinido

Verbos regulares

(Ver resumen gramatical, apartado 3.2.1)

Verbos irregulares

IR/SER

fui
fuiste
fue
fuimos
fuisteis
fueron

(Ver resumen gramatical, apartado 3.2.2.1)

ESTAR	VENIR	HACER
estuve	vine	hice
estuviste	viniste	hiciste
estuvo	vino	hizo
estuvimos	vinimos	hicimos
estuvisteis	vinisteis	hicisteis
estuvieron	vinieron	hicieron

(Ver resumen gramatical, apartado 3.2.2.2)

Preposiciones

En

- En mayo.
- En Navidades.
- En 2011.

De

- El 14 de abril de 2012.

Materiales complementarios

1 **En parejas (Alumno A y Alumno B). Lee el texto incompleto que te corresponda sobre el viaje de Ana y una amiga, y asegúrate de que entiendes todo. Luego, hazle a tu compañero las preguntas necesarias para completarlo.**

Alumno A
¡No mires el texto del alumno B!

El año pasado hice un viaje con una amiga a .... y tengo un recuerdo buenísimo: la ciudad nos gustó mucho y pasamos un fin de semana muy bueno allí. Fuimos el viernes por la noche en .... y el viaje fue muy rápido, duró menos de dos horas. Nos alojamos en un .... para estar cerca de los lugares de interés.

La mañana del sábado la pasamos en .... Nos encantaron las obras de Goya y Velázquez, y también nos gustó mucho el .... que han construido hace poco. Comimos tarde en un restaurante típico bastante antiguo y por la noche fuimos a .... Después estuvimos de copas con una gente muy simpática y nos acostamos tarde, a ....

El domingo por la mañana estuvimos en el parque del Retiro. Dimos un paseo muy agradable, vimos gente haciendo teatro en ...., músicos tocando... y luego tuvimos que recoger las maletas en el hostal para ir a .... y volver a nuestro pueblo.

¿Adónde hizo Ana un viaje con una amiga el año pasado?

Alumno B
¡No mires el texto del alumno A!

El año pasado hice un viaje con una amiga a Madrid y tengo un recuerdo buenísimo: la ciudad nos gustó mucho y pasamos .... muy bueno allí. Fuimos el viernes por la noche en tren y el viaje fue muy rápido, duró .... Nos alojamos en un hostal muy céntrico para estar cerca de ....

La mañana del sábado la pasamos en el Museo del Prado. Nos encantaron ...., y también nos gustó mucho el edificio nuevo que han construido hace poco. Comimos tarde en un .... y por la noche fuimos a un concierto. Después estuvimos de copas con .... y nos acostamos tarde, a las cinco de la mañana.

El domingo por la mañana estuvimos en .... Dimos un paseo muy agradable, vimos gente haciendo teatro en la calle, músicos tocando... y luego tuvimos que recoger .... en el hostal para ir a la estación de tren y volver a nuestro pueblo.

2 a **Juego de memoria. Cierra el libro y escribe frases expresando lo que hicieron Ana y su amiga aquel fin de semana.**

- ○
- ○
- ○
- ○
- ○

b **Compara con un compañero. ¿Quién tiene más frases correctas?**

3 a **Un viaje imaginario. Imagínate que el fin de semana pasado hiciste un viaje a un lugar que te gustó mucho y lo pasaste muy bien. Luego, completa la ficha.**

Destino	Medio de transporte	¿Con quién?	Alojamiento	Actividades	¿Qué te gustó más?

b **En grupos de cuatro. Cuéntales el viaje a tus compañeros y escucha los relatos de sus viajes. Luego, decidid cuál os parece el mejor viaje.**

c **El alumno que "hizo" el mejor viaje de cada grupo se lo cuenta a la clase. Luego, todos los alumnos votan para elegir el mejor viaje de la clase.**

9 Famosos

OBJETIVOS

- Contar la vida de una persona
- Expresar certeza y evidencia
- Expresar falta de certeza y evidencia

1 a ¿Te acuerdas de algunos de los principales monumentos de Barcelona? ¿Sabes algo de la Sagrada Familia?

b **Aquí tienes la biografía del autor de la Sagrada Familia; léela.**

Antonio Gaudí nació cerca de Reus (Tarragona) en el año 1852. A los quince años publicó algunos dibujos en una revista escolar. En 1873 empezó los estudios de arquitectura en Barcelona y los terminó en 1878. Aquel mismo año, don Eusebio Güell, mecenas que más tarde le estimuló en su labor artística, descubrió algunos trabajos suyos en la Exposición Universal de París. Era una persona muy religiosa y en 1883 aceptó continuar las obras del templo de la Sagrada Familia, comenzadas dos años antes. En el año 1900 empezó el proyecto del parque Güell, y en 1904, el de la Casa Milà. Posteriormente rechazó otros encargos profesionales para dedicarse enteramente a la construcción del citado templo. El día 7 de junio de 1926 fue atropellado por un tranvía y murió tres días más tarde, sin haber terminado su obra más importante: la Sagrada Familia.

c **Ahora escribe cuatro preguntas sobre la vida de Gaudí y formúlaselas a tu compañero.**

2 a **Lee el texto de nuevo y subraya las formas del pretérito indefinido.**

b **Elige seis de esas formas y escribe tres frases verdaderas y tres frases falsas sobre lo que quieras.**

Goya nació en Portugal. (FALSA)

3 a **Fíjate.**

Expresar certeza y evidencia

- Goya nació en Portugal.
- ○ Es falso. **Estoy segura de que** nació en España.
- Sí, es verdad.

Expresar falta de certeza y evidencia

- Goya nació en Portugal.
- ○ **No estoy segura,** pero **creo que** es falso.
- Sí, es falso. Fue un pintor muy famoso que nació en España.

b **Ahora dile a tu compañero las frases que has escrito en la actividad 2b. ¿Sabe si son verdaderas o falsas?**

4 **Relaciona cada palabra o expresión con un dibujo. Puedes usar el diccionario o preguntar a tus compañeros o al profesor qué significa lo que no entiendas.**

- Casarse
- Nacer
- Divorciarse
- Tener un hijo
- Conocer
- Entrar en la universidad
- Morirse
- Jubilarse
- Empezar a trabajar
- Volver a casarse
- Licenciarse

A

1922/Buenos Aires

B

1940/Madrid

C

1943

D

1945

E

1946

F

1948

G

1951

H

1959

I

1965

J

1987

K

2011/Madrid

A → nacer

5 a **Fíjate.**

Pretérito indefinido

Para contar la vida de una persona.

Nació en Sevilla en 1933.
En 1952 **empezó** Medicina y **terminó** en 1958.
Se casó muy joven en 1955.
Vivió muchos años en Bilbao y **murió** en esa ciudad en 2011.

b **Ahora observa los dibujos de la actividad 4 y escribe la biografía de Ernesto Echevarría.**

Ernesto Echevarría nació en Buenos Aires en 1922. En 1940 entró en la Universidad de Madrid, donde estudió Ciencias Económicas...

6 a **Escucha esta entrevista de un programa de radio y haz una lista de los años que oigas.**

2|4

b **Escucha la entrevista de nuevo y escribe qué hizo la persona entrevistada en cada año.**

2|5

7 **En parejas.**

Alumno A
¡No mires la información del alumno B!

1. Lee esta ficha con información sobre la vida de Pepe Ferrer.

	DATOS PERSONALES
	Nombre: Pepe Ferrer.
¿Año?	**Nacimiento:** Valencia (...........).
¿Terminó los estudios?	Estudios: Bachillerato (Valencia, 1959-1965). **Psicología** (Madrid, 1965-1967).
¿Con quién?	Estado civil: **Casado** (Madrid, 1970).
¿Dónde?	Muerte: **Accidente de tráfico** (1972).
	OTROS DATOS DE INTERÉS
	• Padre músico.
¿Qué drogas?	• Dos semanas en prisión por **consumo de drogas** (1971).
	DATOS PROFESIONALES
	1968: Primer concierto (Vigo).
	1969: Primer disco (*Aquí mismo*).
¿Con otros cantantes?	1970: **Actuación en el Festival de Ibiza.**
¿Qué papel hizo?	**Intervención en la película *Águilas rosas***, de Juan Aguado.
	1971: Segundo disco (*¿Qué más?*).
¿Por qué países?	1972: **Gira europea**. Gran éxito.

2. Usa las pautas que hay a la izquierda de la ficha para pedir a tu compañero información sobre lo que está en negrita y escribe las respuestas. Luego, responde a sus preguntas.

3. Comprueba lo que has escrito con el artículo de tu compañero.

Alumno B

¡No mires la información del alumno A!

1. Lee este artículo sobre la vida de Pepe Ferrer.

HISTORIA DEL ROCK ESPAÑOL

	Pepe Ferrer es uno de los músicos más interesantes de la historia del rock español.
¿Año?	Nació en Valencia en el año 1948. Cuando **terminó el Bachillerato**, se trasladó a Madrid.
¿Qué estudios?	En 1965 entró en la Universidad, pero dos años más tarde abandonó los **estudios**.
¿Dónde?	En 1968 dio su primer concierto y un año más tarde sacó su primer disco (*Aquí mismo*). En 1970 **se casó** con la actriz Emma Muro y actuó en el Festival de Ibiza junto a Paco Riba, Jaime Tita, Frank Tappa y Félix Claxon.
¿Director?	Posteriormente **intervino en la película** *Aguilas rosas*, donde hizo el papel de hermano de la protagonista.
¿Cuánto tiempo?	En 1971 sacó su segundo disco (*¿Qué más?*) y **estuvo en prisión** por consumir marihuana en público.
¿Qué tal la gira?	En 1972 **hizo una gira** por Italia, Francia, Holanda, Alemania y el Reino Unido. En noviembre de ese mismo año murió en un accidente de tráfico cerca de Barcelona.

2. Responde a las preguntas de tu compañero. Luego, usa las pautas que están a la izquierda de tu artículo para pedir información a tu compañero sobre lo que está en negrita. Escribe las respuestas.

3. Comprueba lo que has escrito con la ficha de tu compañero.

8 **Dos grupos [A y B].**

a **Lee individualmente la biografía que te corresponda y pregunta a los miembros de tu grupo o al profesor qué significan las palabras que no conozcas.**

Grupo A

Este escritor y periodista latinoamericano nació en 1928 y vivió los ocho primeros años de su vida con sus abuelos. En 1947 empezó la carrera de Derecho para contentar a sus padres y empleó los años de sus estudios para leer mucha literatura de todas las épocas, sobre todo novelistas rusos e ingleses del siglo XIX, a quienes siempre ha admirado.

Trabajó de periodista en su país y en la agencia de noticias cubana Prensa Latina, de la que fue uno de sus fundadores. En 1955 publicó su primera novela, y en 1967, su obra más famosa, *Cien años de soledad*. En 1982 ganó el Premio Nobel de Literatura. También ha escrito guiones de cine y desde 1985 ha colaborado en la dirección de la Escuela Internacional de Cine de La Habana (Cuba), con el objetivo principal de formar cineastas latinoamericanos.

Es una persona muy imaginativa que trata la realidad de su país, Colombia, de manera fantástica, mágica y humorística. Además, siempre ha tenido un compromiso con los más pobres.

Grupo B

Nació en Málaga en 1881. A los catorce años se fue a vivir a Barcelona con su familia. En 1901 se trasladó a Madrid, donde fundó una revista. Se casó dos veces y tuvo varios hijos.

Era una persona muy humana y muy interesada por los problemas sociales y políticos. La guerra civil española fue motivo de una obra suya muy importante. En 1966 ganó el Premio Lenin de la Paz. Cuatro años más tarde cedió novecientas obras suyas a la ciudad de Barcelona.

De una gran capacidad de trabajo, realizó muchas obras en diferentes campos artísticos: cerámica, pintura y escultura. En 1972, la Universidad de París lo nombró doctor honoris causa. Cuando cumplió noventa años, Francia, país en el que vivió desde 1904, le hizo un gran homenaje nacional. Murió en 1973 y es uno de los españoles más famosos de todos los tiempos.

b **Decide con los miembros de tu grupo a qué famoso corresponde la biografía que has leído.**

c **Contad entre todos los miembros de tu grupo la vida de esa persona sin mirar el texto.**

d **En parejas (un alumno de cada grupo). Cuéntale a tu compañero la biografía de tu grupo. ¿Sabe de qué famoso estás hablando?**

9 **Habla con tu compañero del mejor año de tu vida. Dile cuál fue, por qué y qué otras cosas hiciste ese año.**

10 **En grupos de cuatro. Repartíos los siguientes papeles:**

Alumno A

Eres María Morales, famosa actriz norteamericana de origen mexicano que acaba de llegar a Madrid para presentar su última película.

Alumno B

Eres el marido de María Morales y acompañas a tu mujer en su viaje a Madrid.

Alumnos C y D

Sois periodistas y vais a entrevistar a María Morales, famosa actriz norteamericana, y a su marido en la sala de prensa del aeropuerto de Barajas.

a **Alumnos A y B: Reconstruid la vida de María Morales a partir de los datos biográficos. Pensad también en sus futuros proyectos.**

Alumnos C y D: Leed estos datos biográficos y escribid las preguntas que vais a hacer en la rueda de prensa. No olvidéis preguntarles por sus futuros proyectos.

DATOS PERSONALES

Nombre: María Morales.

Familia: Padre mexicano y madre norteamericana. Dos hermanos. Casada dos veces. Un hijo.

DATOS PROFESIONALES

Estudios: Arte. Universidad Autónoma de México.

Doce películas.

Trabajó con prestigiosos directores.

Óscar a la mejor actriz por su interpretación en *Café y chocolate*.

Colaboración en dos obras de teatro.

Videoclip *Salvemos la Amazonia*.

Participación en varios proyectos sociales.

b **Haced la entrevista. Podéis grabarla.**

Simón Bolívar

1 a Comenta con tus compañeros las respuestas a estas preguntas.

- ¿Has pensado alguna vez que podrían existir los Estados Unidos de América del Sur, una confederación de todas las naciones hispanoamericanas?
- ¿Crees que a lo largo de la historia ha habido personas que han intentado conseguir esa unión de naciones?

b Lee y comprueba. Puedes usar el diccionario.

Simón Bolívar, "el libertador", es el personaje más importante en la historia de la independencia de los países latinoamericanos.

Nació en Caracas en 1783, estudió en Venezuela y Europa, y posteriormente ingresó en el ejército. Su ideal fue la liberación de las colonias españolas y unirlas en una gran nación. Después de obtener varias victorias ante los españoles, liberó los territorios que actualmente corresponden a Colombia, Ecuador, Panamá y Venezuela. Con ellos formó la República de la Gran Colombia y fue nombrado su presidente. En 1824 colaboró en la liberación de Perú y un año más tarde también fue nombrado presidente de Bolivia.

Pero su proyecto de unión de las repúblicas hispanoamericanas tuvo unas dificultades que no pudieron ser superadas. Las diferencias ideológicas, los problemas locales y la crisis económica fueron algunas de ellas. Las consecuencias no tardaron en llegar: en 1827 tuvo que renunciar a la presidencia de Perú, y en 1828 fue proclamado dictador para intentar evitar la división de la Gran Colombia, hecho que se produjo poco después.

c Lee de nuevo y responde a estas preguntas:

- ¿Por qué se llama "el libertador" a Simón Bolívar?
- ¿Qué países formaron la República de la Gran Colombia?
- ¿Cuál fue el ideal de Bolívar?
- ¿Puedes mencionar alguno de los problemas que hicieron fracasar su proyecto?

¿Qué informaciones del artículo te parecen más interesantes? Coméntalas con tus compañeros.

Recuerda

COMUNICACIÓN

Contar la vida de una persona

- Simón Bolívar nació en Caracas en el año 1783.
- Estudió en Venezuela y Europa.
- En 1824 colaboró en la liberación de Perú.

Expresar certeza y evidencia

- Cervantes nació en México.
- Es falso. Estoy seguro de que nació en España, cerca de Madrid.
- Sí, es verdad.

Expresar falta de certeza y evidencia

- Picasso vivió toda su vida en España.
- No estoy segura, pero creo que es falso.
- Sí, es falso. Vivió muchos años en Francia.

GRAMÁTICA

Pretérito indefinido

Verbos regulares

(Ver resumen gramatical, apartado 3.2.1)

Verbos irregulares

TENER
tuve
tuviste
tuvo
tuvimos
tuvisteis
tuvieron

(Ver resumen gramatical, apartado 3.2.2.2)

Cambio de *o* en *u* en las terceras personas: *dormir*, *morir*, etc.

DORMIR
dormí
dormiste
durmió
dormimos
dormisteis
durmieron

(Ver resumen gramatical, apartado 3.2.2.3)

Materiales complementarios

1 a “¡Es mentira!” ¿Cuáles de estas informaciones son falsas? Coméntalo con la clase.

1 **Ernesto “Che” Guevara**
Nació en Argentina y vivió muchos años en Cuba.

2 **Albert Einstein**
Descubrió la penicilina.

3 **Leonardo da Vinci**
Pintó *La Gioconda*.

4 **Ludwig van Beethoven**
Inventó un aparato reproductor de música.

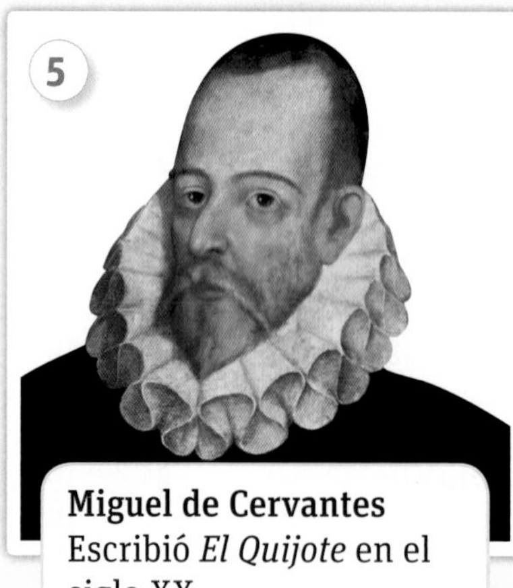

5 **Miguel de Cervantes**
Escribió *El Quijote* en el siglo XX.

6 **Frida Kahlo**
Fue una pintora ecuatoriana.

7 **Greta Garbo**
Fue una actriz de cine inglesa.

8 **Teresa de Calcuta**
Ganó el Premio Nobel de la Paz.

9 **Nelson Mandela**
Estuvo preso 27 años por sus ideas y luego fue presidente de Sudáfrica.

b Ahora escribe frases verdaderas y falsas sobre tu vida.

Me casé hace dos años.

c En parejas. Díselas a un compañero con el que no has trabajado en esta lección. Cuando cree que una frase es falsa, dice “¡Es mentira!”. Si realmente es falsa, obtiene un punto; si es verdadera, lo obtienes tú.

d Coméntale qué otras frases falsas no ha descubierto. Anótate un punto por cada una de ellas.

e ¿Quién tiene más puntos?

2 a Un concurso. Relaciona las preguntas con las respuestas.

1. ¿Quién construyó el primer automóvil con motor de gasolina?
2. ¿Quién creó el primer sistema de telefonía móvil en 1979?
3. ¿En qué año pisó el ser humano la Luna por primera vez?
4. ¿Qué inventó el químico alemán Félix Hoffman?
5. ¿En qué año terminó la Segunda Guerra Mundial?
6. ¿Quién fue el pintor español más famoso del siglo XX?
7. ¿En qué año descubrió América Cristóbal Colón?

A. La aspirina.
B. En 1492.
C. Karl Benz.
D. En 1969.
E. La compañía sueca Ericsson.
F. Pablo Picasso.
G. En 1945.

b En grupos de cuatro. Vais a preparar un cuestionario sobre personajes y hechos pasados importantes. Escribid ocho preguntas. Podéis consultar el diccionario y pensar en:

- vidas de personajes famosos
- descubrimientos e inventos
- creaciones artísticas
- acontecimientos políticos o históricos

c Trabajad con otro grupo de cuatro. Si habéis buscado alguna palabra en el diccionario, enseñádsela a vuestros compañeros.

d Por turnos, haced vuestras preguntas a ese grupo y responded a las suyas. ¿Qué grupo tiene más respuestas correctas?

10 Permiso y favores

OBJETIVOS

- Pedir permiso
- Dar o denegar permiso
- Pedir un favor y responder afirmativa o negativamente
- Pedir ayuda
- Preguntar si está permitido hacer algo en un sitio
- Pedir cosas y responder afirmativa o negativamente
- Pedir cosas prestadas y responder afirmativa o negativamente

1 a Observa y lee.

b Responde a las preguntas.

- ¿En qué diálogos se pide permiso para hacer algo?
- ¿En cuáles se pide un favor a otra persona?

2 **Fíjate.**

Imperativo afirmativo

Cuando concedemos permiso, podemos usar el imperativo.

Verbos con imperativo regular:

	-AR	-ER	-IR
	PASAR	COGER	ABRIR
Tú	pasa	coge	abre
Usted	pase	coja	abra

Hay verbos que en imperativo tienen la misma irregularidad que en presente de indicativo:

	CERRAR	ENCENDER	VOLVER	PEDIR
Tú	cierra	enciende	vuelve	pide
Usted	cierre	encienda	vuelva	pida

Otros verbos con imperativo irregular:

	PONER	VENIR	IR	HACER	DECIR	TENER	SALIR
Tú	**pon**	**ven**	**ve**	**haz**	**di**	**ten**	**sal**
Usted	**ponga**	**venga**	**vaya**	**haga**	**diga**	**tenga**	**salga**

Imperativo afirmativo + pronombres de objeto directo *lo, la, los, las*

- ¿Puedo coger el lápiz?
- Sí, sí. **Cógelo.**

- ¿Puedo abrir la puerta?
- Sí, claro. **Ábrela.**

- ¿Puedo cerrar las ventanas?
- Sí, sí. **Ciérralas.**

- ¿Puedo hacer los ejercicios ahora?
- Sí, claro. **Hazlos.**

3 a **Lee las frases del 1 al 6.**

1. ¿Puedo encender la luz? Es que no se ve casi nada.
2. Tengo que hablar con unos amigos. ¿Puedo hacer un par de llamadas?
3. Perdona, ¿puedo coger un cigarrillo?
4. Ángel, ¿puedo tirar estos periódicos a la basura?
5. ¿Puedes traerme el diccionario de inglés?
6. Casi no se oye, ¿verdad? ¿Puedo subir el volumen?

A. Es que no sé dónde está.

B. A ver... sí, sí, tíralos.

C. Sí, claro. Súbelo.

D. Sí, claro. Hazlas, hazlas.

E. Lo siento, pero es que solo me queda uno.

F. Sí, sí. Enciéndela.

b **Relaciona las preguntas con las respuestas.**

c **Escucha y comprueba.**

2|6

4 Escucha y repite.

2|7

PERMISO

1. • ¿Puedo cerrar la puerta?
   ○ Sí, sí. Ciérrala.
2. • ¿Puedo pasar?
   ○ Sí. Pasa, pasa.
3. • Begoña, ¿puedo coger el periódico para ver una cosa?
   ○ Sí, sí. Cógelo.
4. • ¿Puedo abrir la ventana?
   ○ Perdona, pero es que estoy un poco resfriada.
5. • Papá, ¿puedo utilizar tu coche mañana por la mañana?
   ○ Lo siento, pero lo voy a utilizar yo.

FAVORES

1. • María, ¿puedes ayudarme a terminar esto?
   ○ Sí, sí. Claro.
2. • ¿Puedes traer las servilletas, por favor?
   ○ Vale.
3. • ¿Puedes pasarme el agua, por favor?
   ○ Sí, claro.
4. • Pepe, ¿puedes ayudarme a hacer una traducción mañana?
   ○ Bueno, no sé...
5. • Perdona, ¿puedes ayudarme a hacer los deberes? Es que tengo bastantes dudas.
   ○ Lo siento, pero ahora no puedo. Tengo que irme ya.

5 a Escucha los diálogos y marca la columna correspondiente.

2|8

	Pide permiso	Pide un favor
1.		X
2.		
3.		
4.		
5.		
6.		

b Escucha de nuevo y señala si las respuestas son afirmativas o negativas.

2|9

6 Ahora vosotros. En parejas.

Alumno A

Te vas de vacaciones y le pides unos favores a tu mejor amigo/-a:

- Llevarte al aeropuerto
- Dar de comer al perro
- Sacarlo a pasear
- Regar las plantas
- Ir a recogerte al aeropuerto

Si te pide permiso para hacer algunas cosas, decide si se lo concedes o no. Dile en cada caso por qué.

Alumno B

Tu mejor amigo/-a se va de vacaciones la semana que viene y te va a pedir unos favores. Tú se los vas a hacer, claro. Luego le pides permiso para hacer otras cosas:

- Usar su ordenador
- Llevar amigos a su casa
- Utilizar su bicicleta
- Organizar una fiesta en su casa

Explícale por qué.

Observa y lee.

a

b

Mira estas señales y carteles, y di dónde puedes encontrarlos.

c

Escribe qué se puede o no se puede hacer en cada caso. Puedes usar el diccionario si lo necesitas.

1. Se puede pagar con tarjeta de crédito.

Normas en clase

8 a **Habla con tu compañero y haced una lista de cosas que se pueden hacer y otra de cosas que no se pueden hacer en la clase de español.**

b **Ahora decídselo a la clase. ¿Qué cosas están en todas las listas? Escribidlas en un cartel grande y ponedlo en una pared de la clase.**

EN CLASE DE ESPAÑOL	
Se puede...	**No se puede...**
... hablar español.	... dormir.

9 **En grupos de cuatro. Piensa en un lugar público y en lo que se puede y no se puede hacer allí. Tus compañeros te van a hacer preguntas para descubrir qué sitio es. Tú solo puedes contestar "sí" o "no".**

- ¿Se puede fumar?
- No.

10 **Escucha y lee.**

2|10

- ¿Me das tu dirección?
- Avenida de...
- ¿Tienes un bolígrafo?
- No. Lo siento. ¡Ah!, mira, este chico tiene uno.
- Oye, perdona, ¿me dejas el bolígrafo un momento?
- Sí, toma.
- Gracias.

11 a ¿Qué dices para pedir estas cosas? Escríbelo en la columna correspondiente.

• un chicle	• tu móvil	• 50 euros	• tu ordenador portátil
• tu cámara (fotográfica)	• un vaso de agua	• un cigarro	• una aspirina
• un poco de sal	• tu cazadora	• fuego	• el periódico

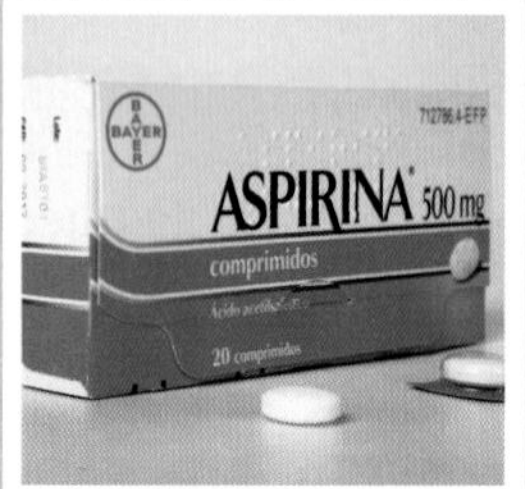

¿Me das...?	¿Me dejas...?
un chicle	tu móvil

b En parejas. Piensa qué cuatro cosas quieres pedirle a tu compañero y pídeselas. Si él te pide algo, decide si se lo das o se lo dejas; en caso negativo, dile por qué.

- ¿Me das un chicle?
- ○ Sí, toma.
  Es que no me quedan. Lo siento.

12 Ahora vosotros.

a) Es lunes. Esta mañana te has levantado tarde, has salido de casa corriendo y te has olvidado algunas cosas que traes normalmente a clase. Haz una lista de cinco cosas que no has traído.

No he traído el cuaderno.

b) Durante la mañana necesitas algunas de esas cosas. Pídeselas a tus compañeros. Si alguno de ellos te pide algo, dáselo o déjaselo; en caso negativo, no olvides decirle por qué.

- ¿Me das una hoja, por favor? Es que me he olvidado el cuaderno en casa.
- ○ Sí, toma dos.

Lenguaje de clase

13 a Lee estas frases.

¿Puedo irme diez minutos antes? Es que tengo que...

¿*Parecido* y *similar* significan lo mismo?

No escribáis ahora, ya lo escribiréis después. Ahora escuchad.

¿Se puede decir "tengo ganas de tomar algo"?

¿Qué tenemos que hacer para mañana?

¿Podemos copiarlo ahora?

Para mañana vais a hacer una redacción sobre...

¿Ya está?

Ahora vamos a escuchar una grabación.

No me acuerdo.

¿Qué significa *estar harto*?

b En parejas. Decidid quién las dice normalmente en clase (¿el alumno, el profesor o ambos?) y en qué momento de la clase. Luego, comentadlas con vuestros compañeros.

c Piensa en otras frases que dice tu profesor a menudo y díselas a la clase.

d Comenta con tus compañeros las frases que dices frecuentemente en clase y fuera de clase. Explícaselas si no saben lo que significan.

La *ñ*, una letra muy española

1 a **Lee este texto y pregúntale al profesor qué significa lo que no entiendas.**

La *ñ* es la letra más característica de la lengua española. Se utiliza para escribir en nuestro idioma desde el siglo IX y fue creada para sustituir la grafía *nn*. Como también hacen hoy los estudiantes para tomar apuntes, los antiguos copistas inventaron signos de abreviación para ahorrar tiempo en su trabajo. En lugar de escribir las dos enes, los frailes de los monasterios que elaboraban los libros empezaron a poner una pequeña tilde (~) sobre la *n* y, de esa forma, nació una nueva letra, la *ñ*. Posteriormente, fue tomada prestada por otras lenguas como, por ejemplo, el quechua o el tagalo.

Su reconocimiento internacional ha llegado a los dominios de internet, de los que estuvo excluida por el protagonismo de la lengua inglesa y por la tecnología anglosajona.

Actualmente aparece junto a la letra *l* en los teclados de ordenador *Qwerty* para el idioma castellano y no existe ningún equivalente en el alfabeto romano. Es una de las mejores representaciones gráficas de la lengua y cultura hispana y, por eso, su tilde forma parte del logotipo del Instituto Cervantes, la mayor institución mundial dedicada a la enseñanza del español y a dar a conocer las culturas de los países hispanohablantes.

b **Responde a las preguntas.**

1. ¿Cuándo se empezó a utilizar la *ñ*?
2. ¿Cómo se escribía anteriormente su sonido?
3. ¿Quiénes la crearon?
4. ¿Para qué la crearon?
5. ¿Existe actualmente en otros idiomas? ¿Por qué?
6. ¿Se ha podido usar siempre la *ñ* con los ordenadores?
7. ¿Por qué se menciona el Instituto Cervantes en el texto?

c **Escribe durante un minuto el mayor número posible de palabras que tengan la letra *ñ*.**

español

d **Compara con tu compañero. ¿Quién tiene más palabras escritas correctamente?**

e **Piensa en las respuestas a estas preguntas y coméntalas con la clase.**

- ¿Tenéis palabras con el sonido *ñ* en tu lengua? ¿Con qué letra o letras se escribe?
- ¿Existe alguna letra representativa de tu lengua? ¿Cuál es?

Recuerda

COMUNICACIÓN

Pedir permiso y dar o denegar permiso

- ¡Qué calor tengo! ¿Puedo abrir la ventana?
  Informal: o Sí, claro. Ábrela, ábrela.
  Formal: o Sí, claro. Ábrala, ábrala.
  o (Lo siento, pero) Es que yo tengo frío.

Pedir un favor y responder afirmativa o negativamente

- ¿Puede(s) traerme el diccionario, por favor?
- o Sí, claro.
- o (Lo siento, pero) Es que no sé dónde está.
- o (Perdone/-a, pero) Es que ahora no puedo.

Pedir ayuda

- Perdona, ¿puedes ayudarme a hacer esto?

Preguntar si está permitido hacer algo en un sitio

- ¿Se puede fumar aquí?

Pedir cosas y responder afirmativa o negativamente

Informal	Formal
• ¿Me das fuego?	• ¿Me da fuego?
o Sí, toma.	o Sí, tome.
o (Es que) No fumo. Lo siento.	o (Es que) No tengo. Lo siento.

Pedir cosas prestadas y responder afirmativa o negativamente

Informal	Formal
• ¿Me dejas tu libro?	• ¿Me deja su libro?
o Sí, toma. / Sí, cógelo.	o Sí, tome. / Sí, cójalo.
o Es que lo necesito. Lo siento.	o Es que lo necesito. Lo siento.

GRAMÁTICA

Imperativo afirmativo

(Ver resumen gramatical, apartado 3.5)

Imperativo afirmativo + pronombres de objeto directo

- Ciérrala.

(Ver resumen gramatical, apartados 3.5 y 4)

Materiales complementarios

1 Dominó del imperativo.

En grupos de cuatro. Cada alumno toma ocho fichas sin verlas. Empieza a jugar el que tiene la ficha donde se lee "vaya". La pone en el centro de la mesa y, luego, dice la forma del imperativo ("di") que corresponde al infinitivo y al pronombre personal que hay escritos en ella ("decir, tú"). El que tiene la ficha donde se lee "di" continúa el juego poniendo esa ficha en la mesa y diciendo la forma del imperativo que corresponde al infinitivo y al pronombre personal escritos en ella. Si un alumno no recuerda una forma de imperativo, pierde un punto. Gana el que pierde menos puntos.

Permiso y favores: Juego de diálogos

2

a **En grupos de cuatro (pareja A y pareja B). Cada pareja juega con una ficha de color diferente a la de la otra pareja y empieza en la casilla que le corresponda.**

b **Por turnos. Cada pareja avanza una casilla y representa un diálogo incluyendo la palabra o palabras que hay en ella. Si no lo hace correctamente, pierde un turno. Gana la que llega antes al otro extremo.**

Pareja A: Traerme → • ¿Puedes **traerme** el periódico, por favor?
∘ Sí, claro.

Pareja B: Hazla → • ¿Puedo hacer una llamada desde tu teléfono? Es que es urgente.
∘ Sí, sí. **Hazla.**

A ↓		Me dejas	Enciéndela	Ábralas
Traerme		Súbelo		Tómalo
Ciérrala		Lo siento		Lo necesito
Me das		Llevarme		Recogerme
Ponla		Cójala		Hazla
Se puede	Tírelo	Concentrarme		↑ **B**

Repaso 2

LECCIONES

- 6 ROPA Y COMPLEMENTOS
- 7 ¡FELIZ CUMPLEAÑOS!
- 8 CONTAR UN VIAJE
- 9 FAMOSOS
- 10 PERMISO Y FAVORES

1 a **Escribe el contrario de cada una de estas palabras.**

cómodo | ancho | nacer | ponerse | casarse

mejor | llevar | llegar | corto | pedir

b **Ahora escribe una frase con las que te parezcan más difíciles.**

c **Intercámbialas con un compañero y corrige las suyas.**

2 a **Piensa en los tiempos verbales que has estudiado en las lecciones 6-10 y anota las formas verbales con las que tengas más dificultades.**

b **En parejas. Díselas, por turnos, a tu compañero para que haga una frase o un minidiálogo con cada una de ellas. Si lo hace correctamente, obtiene un punto. Gana el que consigue más puntos.**

3 a **Piensa en alguna excursión que hiciste y te gustó mucho (si no te acuerdas de ninguna, imagínate una). Luego rellena la ficha.**

Destino:	
Medio de transporte:	
Duración del viaje:	
Monumentos/lugares visitados:	
Compras/recuerdos:	
Otras actividades:	
Lo que más te gustó:	

b **En grupos de tres. Hazles preguntas a tus compañeros sobre sus excursiones para decidir cuál de ellas te gustaría hacer.**

4 a **Observa la imagen y escribe frases con informaciones verdaderas o falsas sobre lo que están haciendo esas personas.**

El niño rubio está...

b **Díselas a tu compañero para que confirme si son verdaderas o falsas.**

c **Imagínate que eres una de las personas de la imagen, pero no le digas quién a tu compañero; él debe adivinarlo.**

- ¿Estás leyendo el periódico?
- No.
- ¿Estás...?

5 a **Escucha un programa de radio y responde a las preguntas.**

2|11

- ¿Qué tipo de programa de radio es: un noticiario, una entrevista o un concurso?
- ¿De qué personaje famoso hablan?

b **Ahora escucha y escribe las cuatro preguntas que oigas.**

2|12

c **Escucha de nuevo y escribe las respuestas que oigas.**

2|13

6 a **En parejas. Escribid una biografía de vuestro profesor con la información que tengáis de él. Podéis añadir otros datos que creáis que son verdad.**

b **Dádsela al profesor para que os diga qué cosas de las que habéis escrito son verdaderas y cuáles son falsas. Aprovechad para preguntarle todo lo que queráis saber sobre su vida.**

c **Reconstruid su biografía entre todos.**

BLA, BLA, BLA...

7 **En grupos de cuatro. Juega con un dado y una ficha de color diferente a la de tus compañeros.**

Instrucciones

1. Por turnos. Tira el dado y avanza el número de casillas que indique.
2. Habla del tema de la casilla en la que caigas. Puedes decir todo lo que quieras.
3. Si no dices nada, retrocede a la casilla donde estabas antes de tirar.
4. ¡Atención a las casillas verdes y rojas!

SALIDA	**9** Cinco cosas que hiciste anteayer.	**10** Un juego que te gusta.	**19** ¿Qué acabas de hacer?	**20** Algo que no se puede hacer en clase.
1 Una profesión que no te gusta.	**8** Pide una cosa a un compañero.	**11** Lo que piensas del dinero.	**18** Un regalo que te gustó mucho.	**21** **DOS TURNOS SIN JUGAR**
2 Cuatro cosas que has hecho hoy.	**7** **UN TURNO SIN JUGAR**	**12** Tus planes para el próximo fin de semana.	**17** Explica una palabra difícil a tus compañeros.	**22** Cinco palabras que empiezan por *c*.
3 Una palabra en español que te gusta mucho.	**6** Una de las últimas palabras que has aprendido.	**13** Tu comida preferida.	**16** Un lugar ideal para pasar las vacaciones.	**23** Un concierto que te gustó mucho.
4 **TIRA OTRA VEZ**	**5** Algo que hiciste el año pasado.	**14** **TIRA DOS VECES**	**15** Dos cosas que todavía no has hecho hoy.	**24** Un país que no conoces y te gustaría visitar. ¿Por qué?

30 Dos palabras que terminan en *n*.	**31** Una ciudad donde no te gustaría vivir.	**42** **TIRA OTRA VEZ**	**43** Una película que te gustó mucho.	**LLEGADA**
29 Algo que hay que hacer en clase.	**32** Pide un favor a un compañero.	**41** Deletrea una palabra muy larga.	**44** Tus planes para el próximo verano.	**53** Tu último viaje.
28 **TIRA OTRA VEZ**	**33** La ropa que te gusta.	**40** Tu opinión sobre la lengua española.	**45** El mejor día de tu vida.	**52** El profesor ideal.
27 Una fecha importante para ti.	**34** Una palabra difícil de recordar.	**39** Un famoso de tu país.	**46** Seis cosas que puedes comprar en un supermercado.	**51** Tu opinión sobre este juego.
26 El último fin de semana.	**35** **DOS TURNOS SIN JUGAR**	**38** Tus mejores vacaciones.	**47** Pide una cosa prestada a un compañero.	**50** Un libro que te gustó.
25 Di los meses del año.	**36** ¿Qué prefieres: el campo o la ciudad?	**37** Algo que tienes que hacer y no te gusta.	**48** Una palabra difícil de pronunciar.	**49** **UN TURNO SIN JUGAR**

8 a **En grupos de cuatro. Lee la biografía de este personaje famoso y averigua con tus compañeros el significado de las palabras que no conozcas.**

LA BIOGRAFÍA DE...

Nació en Londres en 1889. Hijo de actores de *music-hall*, su padre murió totalmente alcoholizado en 1894. Ese mismo año actuó por primera vez en el teatro. Como su familia era muy pobre, su hermano y él tenían que actuar en la calle para ganar algo de dinero. Después, cuando su madre se volvió loca, fue internada en un manicomio y ellos entraron en un orfanato.

En 1910 empezó a trabajar en una compañía de niños bailarines. Más tarde entró en la compañía donde trabajaba su hermano, con la que fue a Estados Unidos.

En 1913 trabajó por primera vez en el cine: tuvo que sustituir a un actor. A partir de ese momento colaboró con varias productoras americanas e intervino en muchas películas como actor y director.

Hizo muchas veces el mismo papel, que era muy cómico. En la primera ceremonia de los Óscar (1928) ganó un premio especial por sus muchas y variadas cualidades. Cuarenta y cuatro años más tarde obtuvo otro Óscar.

Se casó cuatro veces y murió en 1977 en un país europeo.

b **Decide con ellos a qué famoso corresponde la biografía; si no lo sabéis, pedidle alguna pista al profesor.**

c **Comenta con la clase las informaciones que más te sorprendan.**

9 a **Escribe en casa la biografía de un famoso al que conozcan tus compañeros, pero no menciones su nombre. Puedes buscar información en internet, consultar enciclopedias, el diccionario, etc.**

Registrarse/Entrar

WIKIPEDIA
La enciclopedia libre

Artículo Discusión | Leer Editar Ver historial | Búsqueda

Miguel de Cervantes

«Cervantes» redirige aquí. Para otras acepciones, véase Cervantes (desambiguación).

Miguel de Cervantes Saavedra (29 de septiembre de 1547 - 22 de abril[1] de 1616) fue un soldado, novelista, poeta y dramaturgo español.

Es considerado la máxima figura de la literatura española. Es universalmente conocido sobre todo por haber escrito *Don Quijote de la Mancha*, que muchos críticos han descrito como la primera novela moderna y una de las mejores obras de la literatura universal. Se le ha dado el sobrenombre de «Príncipe de los Ingenios».[2]

Navegación
- Portada
- Portal de la comunidad
- Actualidad
- Cambios recientes
- Páginas nuevas
- Página aleatoria
- Ayuda
- Donaciones
- Notificar un error

Imprimir/exportar
- Crear un libro
- Descargar como PDF
- Versión para imprimir

Herramientas
- Lo que enlaza aquí
- Cambios en enlazadas
- Subir archivo
- Páginas especiales
- Enlace permanente
- Citar este artículo

Otros proyectos
- Commons

Contenido [ocultar]

Miguel de Cervantes

Retrato atribuido a Juan de Jáuregui (c. 1600). Actualmente ninguna de las representaciones gráficas de Cervantes se considera auténtica.

Nacimiento	29 de septiembre de 1547 Alcalá de Henares
Defunción	22 de abril de 1616 (68 años) Madrid
Ocupación	soldado, novelista, poeta y dramaturgo
Firma	

b **Entrégasela al profesor, que se la dará a otro estudiante para que adivine quién es el personaje. Si lo necesita, dale alguna pista.**

c **Colócala en una pared del aula para que la puedan ver los demás compañeros.**

11 ¿Cómo quedamos?

OBJETIVOS

- Iniciar una conversación telefónica
- Preguntar por una persona y responder
- Hablar de espectáculos: horarios y lugares
- Proponer o invitar
- Aceptar una propuesta o invitación
- Rechazar una propuesta o invitación
- Concertar citas

1 a Observa los dibujos y completa los diálogos con las frases del recuadro. Pregunta al profesor qué significa lo que no entiendas.

- ¿De parte de quién?
- No, no está. Volverá después de comer.
- Sí, soy yo.
- Ahora se pone.
- Se ha equivocado.
- En este momento no puede ponerse.
- ¿Quieres dejar un recado?

1

2

3

4

5

6

7

b Escucha y comprueba.

2|14

Fonética Entonación

2 Escucha y repite.

2|15

- ¿Está Isabel?
  - Sí, soy yo.
  - No, no está.
  - ¿De parte de quién?
  - Un momento, ahora se pone.
  - No, no es aquí. Se ha equivocado.
  - Sí, pero ahora no puede ponerse. ¿Quieres dejar un recado?

3 ¿Qué dices por teléfono en cada una de estas situaciones? Fíjate en la actividad 1 y escríbelo.

1. • ¿Diga?
   ○ ¿Está Pablo?

   Pregunta por Pablo.

2. • ¿Está Félix?
   ○ ....

   Di que eres tú.

3. • ¿Está Juana, por favor?
   ○ ....

   Juana no vive contigo.

4. • ¿Está Jaime?
   ○ ....

   Sí, está en el baño.

5. • ¿El señor Acosta, por favor?
   ○ ....

   Pregunta quién le llama.

6. • ¿Sí?
   ○ ....

   Pregunta por Ángeles.

7. • ¿Puedo hablar con Alicia, por favor?
   ○ ....

   Di que está ocupada. Ofrece la posibilidad de dejar un recado.

8. • ¿Está Mario, por favor?
   ○ ....

   Di que le vas a avisar.

4 **Escucha estos diálogos y marca en el cuadro lo que pasa en cada caso.**

2|16

	Comunica.	No contesta.	No está en casa.	No puede ponerse.	Es esa persona.	Se ha equivocado.
1.						
2.						
3.						
4.						
5.						
6.						
7.						

5 **En parejas (A–B). Tapa las instrucciones de tu compañero y lee solo las que te correspondan. Luego, habla por teléfono con tu compañero.**

Alumno A

1. Contesta al teléfono, infórmate de quién llama y reacciona (como quieras) a lo que te diga tu compañero.
2. Llama por teléfono a casa de tu compañero y pregunta por la persona que quieras.

Alumno B

1. Llama por teléfono a casa de tu compañero y pregunta por Cecilia, su hermana.
2. Contesta al teléfono, infórmate de quién llama y reacciona (como quieras) a lo que te diga tu compañero.

6 **¿Verdadero o falso? Observa estos anuncios y entradas, y márcalo.**

	V	F
1. En los cines Verdi ponen la película *La cita*.	☐	☐
2. El concierto del brasileño Jayme Marques es el día 31 a las once de la noche.	☐	☐
3. En el Museo Nacional del Prado hay una exposición de Max Ernst.	☐	☐
4. Los martes se puede tomar una copa en el club Contraclub.	☐	☐
5. El restaurante El Estragón es solo para vegetarianos.	☐	☐
6. Gabriela Acher es la actriz principal de una obra de teatro que hay en el teatro Fernán Gómez.	☐	☐

7 **Lee las siguientes preguntas y busca las respuestas en los anuncios y entradas de la actividad anterior.**

A. ¿Qué película ponen en los cines Verdi?
B. ¿Qué exposición hay en el Museo Picasso?
C. ¿Qué tipo de comida se puede tomar en El Estragón?
D. ¿Dónde es el concierto de Jayme Marques?
E. ¿Cuánto cuesta una entrada de cine?
F. ¿Qué obra se puede ver en el teatro Fernán Gómez?
G. ¿Qué espectáculos hay en el club Contraclub?

8 a **En parejas. Pensad en algunos espectáculos de actualidad y escribid una pregunta sobre cada uno de ellos.**

¿En qué cine ponen la película...?

b **Haced las preguntas a otra pareja. ¿Saben las respuestas?**

Invitaciones

9 a **Escucha estos dos diálogos con el libro cerrado y ayuda al profesor a escribirlos en la pizarra.**

2|17

1
• ¿Vamos a tomar algo?
◦ Vale. De acuerdo.

2
• ¿Quieres venir al cine conmigo?
◦ Lo siento, pero no puedo. Es que tengo que estudiar.

b **Ahora practícalos con tu compañero.**

10 a **Lee los nombres de actividades. Señala dos de ellas que te gustaría hacer y dos que no quieres hacer.**

Ver una película de terror. Terror	Ir a un concierto de *jazz*. 	Jugar al tenis. 	Ir a ver un partido de fútbol. 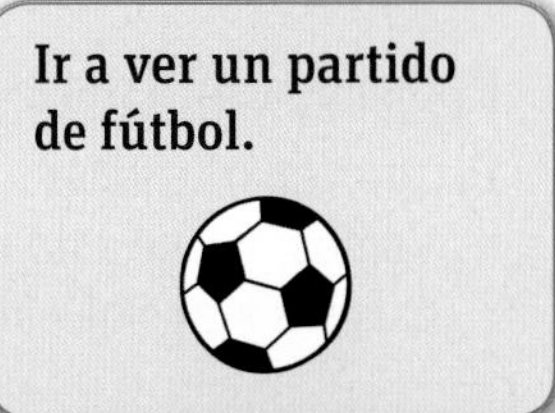
Ir a un concierto de *rock*.	Ver una obra de teatro. 	Dar una vuelta. 	Ir a tomar unas tapas. 

b **Invita a dos compañeros a lo que te gustaría hacer. Si te invitan a ti, puedes aceptar o rechazar la invitación; en este último caso, pon una excusa.**

Citas

11 a **Lee estas frases y pregunta al profesor qué significa lo que no entiendas. Luego, intenta ordenar el diálogo.**

- [ ] Vale. De acuerdo. ¿Y qué podemos hacer? ¿Hay algo interesante?
- [ ] Pues mira, hay una exposición de Miquel Barceló en el Reina Sofía.
- [ ] Es que no me va bien tan pronto. ¿Qué te parece a las seis?
- [ ] ¡Ah! Muy bien. Me encanta Miquel Barceló. ¿Cómo quedamos?
- [1] Oye, ¿nos vemos mañana por la tarde?
- [7] Vale. Entonces quedamos a las seis.
- [ ] No sé... podemos quedar a las cinco en la puerta.

b **Escucha y comprueba.**

2|18

Fonética — Entonación

12 **Escucha y repite.**

2|19

- ¿Nos vemos mañana por la tarde?
- ¿Qué podemos hacer?
- ¿Hay algo interesante?
- ¿Cómo quedamos?
- No me va bien tan pronto.
- ¿Qué te parece a las seis?

13 **Fíjate.**

Propuestas, invitaciones y citas

Proponer o invitar
- ¿Vamos al cine esta noche?
- ¿Quieres ir al cine esta noche?

Aceptar o rechazar una propuesta o invitación
- Vale / De acuerdo / Muy bien.
- Lo siento, pero no puedo. Es que tengo que estudiar / un compromiso.

Concertar citas
- ¿Quedamos | ¿Nos vemos | mañana por la noche?
- ¿Cómo quedamos?
- Podemos quedar a las ocho delante del cine.
- No me va bien a esa hora.
- ¿Qué te parece a las nueve?
- Muy bien / Vale / De acuerdo.

14 **Escucha estas conversaciones entre amigos y completa el cuadro.**

2|20

	¿Quedan?	¿Qué día?	¿A qué hora?	¿Dónde?	¿Para qué?
1.			a las seis		no se sabe
2.		el miércoles			
3.					
4.					
5.	sí			en el bar de enfrente	

15 **a** **Consulta la cartelera de un periódico local y completa tres días de tu agenda con las actividades que quieres hacer.**

b **Elige un espectáculo que te gustaría ver. Luego, llama por teléfono a uno o varios de tus compañeros para quedar con alguno que quiera y pueda acompañarte.**

16 a **Lee estas invitaciones y estas respuestas. Luego, empáréjalas.**

b **Ahora escribe una invitación, pero no la firmes. Luego, dásela al profesor.**

c **Lee la invitación que te ha dado el profesor y escribe una respuesta. Luego, busca al autor de la invitación y dale la respuesta.**

Películas de España y América Latina

1 **Mira este cartel y escribe:**

Lucía Jiménez
Juan Diego Botto

No recomendada menores de 13 años.

una película de Montxo Armendáriz

SILENCIO ROTO

Mercedes Sampietro Álvaro de Luna María Botto María Vázquez Rubén Ochandiano
Pepo Oliva Joseba Apaolaza Jordi Bosch Ramón Barea Helio Pedregal Asunción Balaguer Alicia Sánchez Andoni Erburu Joan Dalmau
Vestuario Pilar Tavera Peluquería Natalia Sese Maquillaje Annelie Berggren Sonido Directo Gilles Ortion
Montaje de Sonido Pelayo Gutiérrez Música Pascal Gaigne Montaje Rori Sáinz de Rozas Director Artístico Julio Esteban
Director de Fotografía Guillermo Navarro A.S.C. Producción Ejecutiva Puy Oria Guión y Dirección Montxo Armendáriz

www.silencioroto.com

MEDIA Gobierno de Navarra IMB CANAL+ altafilms

CINESA CAPITOL Roxy·B 2 Salas MADRID 4 salas Canciller Lido 7 Salas YELMO CINEPLEX ALBUFERA YELMO CINEPLEX COLOMBIA
ESTACION-CHAMARTIN RENOIR RETIRO PRINCESA RENOIR CUATRO CAMINOS ALCOBENDAS ROYAL
ALCALÁ DE HENARES CISNEROS · ALCORCON PARQUE OESTE · ARANJUEZ BERLANGA · FUENLABRADA LAS PROVINCIAS · LEGANES IDEAL · MAJADAHONDA MINICINES · POZUELO KINEPOLIS · POZUELO EL TORREON · RIVAS YELMO · VILLALBA LA ESTRELLA

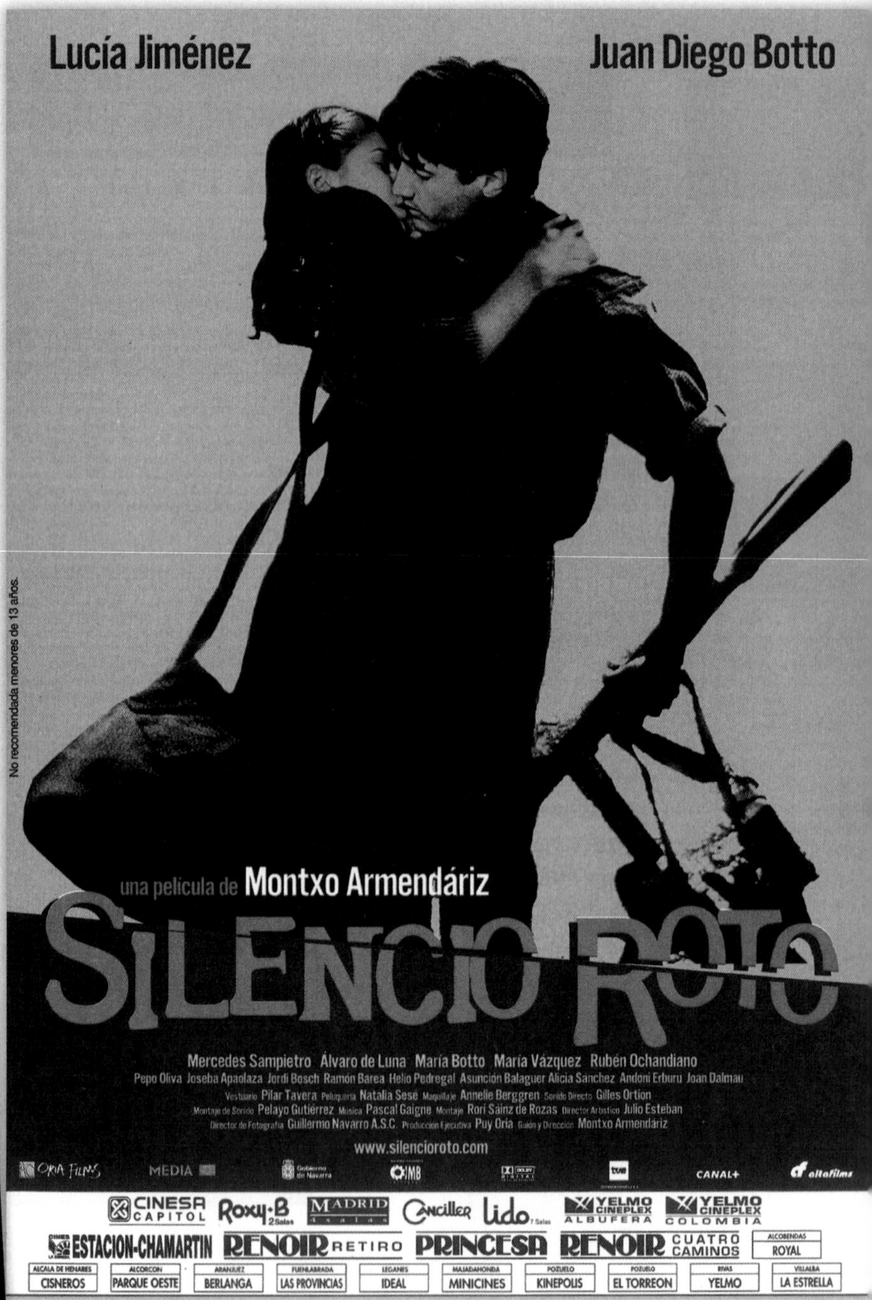

2 **Ahora piensa en una película que has visto recientemente. Di a tu compañero quiénes son el actor y la actriz principales, el director y en qué cine la ponen. ¿Sabe qué película es?**

3 a **Lee estos títulos de películas. Pregunta al profesor las palabras que no entiendas.**

Abre los ojos

Hola, ¿estás sola?

EL CIELO GIRA

Mar adentro

Te doy mis ojos

VOLVER

Una hora más en Canarias

TODO SOBRE MI MADRE

Barrio

Taxi para tres

Nueve reinas

¡Ay, Carmela!

LA VENDEDORA DE ROSAS

Fresa y chocolate

EL SUR

Las cartas de Alou

Flores de otro mundo

La familia

Un lugar en el mundo

EL HIJO DE LA NOVIA

b **Elige uno de esos títulos y haz mimo para que tus compañeros adivinen cuál es. ¡Recuerda que no puedes hablar!**

Recuerda

COMUNICACIÓN

Iniciar una conversación telefónica

Preguntar por una persona y responder

- ¿Diga? / ¿Dígame? / ¿Sí?
- ¿Está Ignacio?
- Sí, soy yo.
- ¿De parte de quién?
- Un momento, ahora se pone.
- En este momento no puede ponerse. Está en la ducha.
- No, no está. ¿Quieres dejar un recado?
- No, no es aquí. Se ha equivocado.

GRAMÁTICA

Presente de indicativo

Verbos irregulares: alternancia *o-ue*

Verbo *poder*

COMUNICACIÓN

Hablar de espectáculos: horarios y lugares

- ¿Qué día actúa Rita Sosa?
- ¿A qué hora?
- ¿En qué cine ponen *El Sur*?
- ¿Qué hay en la Galería Estampa?
- El viernes actúa León Gieco en Zaragoza.

Proponer o invitar y aceptar o rechazar una propuesta o invitación

- ¿Vamos al cine esta noche? ¿Quieres venir?
- Vale / De acuerdo / Muy bien.
- Lo siento, pero no puedo. Es que tengo que estudiar / un compromiso.

Concertar citas

- ¿Quedamos / ¿Nos vemos | mañana por la noche?
- ¿Cómo quedamos?
- Podemos quedar a las ocho delante del cine.
- No me va bien a esa hora.
- ¿Qué te parece a las nueve?
- Muy bien / Vale / De acuerdo.

GRAMÁTICA

Presente de indicativo: verbos de uso frecuente con alternancia *o-ue*

Poder, volver, doler, acostarse, contar, dormir, encontrar, acordarse, costar.

(Ver resumen gramatical, apartado 3.1.2.2)

***Querer* + infinitivo**

- ¿Quieres ir al teatro esta tarde?

***Poder* + infinitivo**

- Ahora no puede ponerse. Está en una reunión.
- Podemos ir a ver una exposición.

Presente de indicativo con valor de futuro

- Mañana actúa Joan Manuel Serrat en Salamanca.

(Ver resumen gramatical, apartado 3.1)

1 a **Juego de frases. En parejas [alumno A y alumno B]. Juega con una ficha de color diferente a la de tu compañero. Empieza en la casilla que te corresponda.**

b **Por turnos. Avanza una casilla y di una(s) frase(s) correcta(s) con la(s) palabra(s) que hay en la casilla a la que llegues. Si no está(n) bien, pierdes un turno. Gana el que llega antes al otro extremo.**

Alumno A: Parte → ¿De parte de quién?
Alumno B: Es que → Hoy no puedo salir. Es que tengo que estudiar.

A ↓		Algo	Volverá	Quieres
Parte		Equivocado		Entrada
Ponerse		Va bien		Se pone
Quedamos		Recado		Nos vemos
Reunión		Ponen		Es que
Siento	Te parece	Entonces		↑ **B**

2 a Un problema lógico. Lee la información y las pistas y completa el cuadro.

Seis amigos (Paloma, Manoli, Sofía, Jorge, Eduardo y Daniel) han quedado en tres grupos de dos, hoy viernes, mañana sábado y pasado mañana domingo, a las siete de la tarde, a las ocho de la noche y a las diez de la mañana, en una casa, en el bar Toledo y delante de un cine, para ver una película coreana, ir a cenar e ir a dar un paseo por el parque del Retiro.

1. Paloma ha quedado con una amiga.
2. Jorge ha quedado con una amiga, pero no con Manoli.
3. Eduardo ha quedado con un amigo.
4. Sofía ha quedado para el domingo.
5. Daniel no va a salir hoy.
6. Manoli no quiere salir por la tarde.
7. Jorge ha quedado por la noche.
8. Sofía quiere quedar en una casa, pero no en la suya.
9. Eduardo prefiere quedar en la puerta del lugar al que va a ir.
10. Paloma no quiere ir a un sitio cerrado.
11. Jorge va a invitar a Sofía por su cumpleaños a un buen restaurante.

Nombres	Día	Hora	Lugar	Actividad

b Ahora completa este texto.

Paloma y .... han quedado .... a las ....
.........., en .... Van a .... Jorge ha quedado con ....
.... en .... , el .... a las ....
.... Van a .... Eduardo ha quedado con ....
el .... a las .... , ...
Quieren ....

c Comprueba con un compañero.

- (Creo que Paloma ha quedado con...)
- (Sí, han quedado..., a las...)
- (¿Qué van a hacer?)

- (¿Con quién ha quedado Paloma?)
- (Con...)
- (¿Qué día han quedado?)
- El..., a las...

12 De viaje

OBJETIVOS

- Preguntar por preferencias
- Expresar preferencia
- Hacer comparaciones
- Pedir y dar información sobre medios de transporte
- Preguntar por la existencia y ubicación de lugares públicos
- Informar sobre distancias
- Dar instrucciones para ir a un lugar

1 **Observa este billete con atención. Luego, lee las frases y marca la columna correspondiente.**

08ABRIL MAD-ALC
BILLETE ELECTRÓNICO

FECHA: 28 FEBRERO MARINO/ ANTONIO
COMPAÑÍA EMISORA: IBERIA
NÚMERO DE BILLETE: ETKT 075 1760342359 LOCALIZADOR DE RESERVA: 5PE76P

MADRID BARAJAS IB 0350 08ABRIL 08.00 1PC OK TERMINAL: 4
ALICANTE HORA DE LLEGADA: 09.00 TERMINAL: 1

ALICANTE IB 8383 N 08ABRIL 21.35 OK
MADRID BARAJAS HORA DE LLEGADA: 22.35 TERMINAL: 4

TARIFA AÉREA: EUR 114,00 TASA: EUR 40,00 TOTAL: EUR 154,00

	Sí	No	No se sabe
Es un billete de avión de ida y vuelta.			
Es para el día 28 de febrero.			
Es un billete de Iberia.			
Este billete cuesta 114 euros.			
El vuelo IB 0350 sale de Madrid a las ocho de la mañana.			
El viaje de Madrid a Alicante dura dos horas.			
Es un billete sin reserva.			
Este billete incluye un seguro de viaje.			

2 **a** **¿Qué es para ti lo más importante cuando viajas? Escribe estas palabras por orden de importancia.**

- la comodidad
- el precio
- la seguridad
- el clima
- la puntualidad
- la rapidez

¿Puedes añadir alguna más?

b **En parejas. Escribid un adjetivo relacionado con cada una de esas palabras y su contrario. Podéis consultar el diccionario.**

comodidad → cómodo/-a ≠ incómodo/-a

c **¿Con qué transportes asocias cada uno de esos adjetivos?**

cómodo → tren

3 **Comenta con tu compañero qué medio de transporte prefieres en cada caso y por qué. Luego, pregúntale a él.**

1. Para ir a otra ciudad, ¿qué prefieres: el tren o el autobús?

2. Para ir a un país cercano, ¿prefieres el tren o el avión?

3. Para distancias cortas en el campo, ¿prefieres el coche o la bicicleta?

4. Para ir a una isla, ¿qué prefieres: el avión o el barco?

5. Para moverte por la ciudad, ¿qué prefieres: el autobús, el metro, la moto o la bicicleta?

1. • Para ir a otra ciudad, yo prefiero el tren porque es más cómodo que el autobús. ¿Y tú?
   ○ Yo también prefiero el tren por lo mismo.
   A mí me gusta más el tren porque es más seguro.
   Pues yo prefiero el autobús porque es más rápido que el tren.
   Pues a mí me da igual.

En una estación de tren

4 **Escucha y lee. Luego, responde a estas preguntas.**

2|21

- ¿Adónde va la chica?
- ¿En qué medio de transporte?
- ¿Qué le ha pasado?

- Buenas. Un billete para el Talgo de Bilbao.
- Acaba de salir.
- ¿Que acaba de salir?
- Sí, ha salido hace cinco minutos.
- ¿Y qué otros trenes hay?
- Hay uno a las 21.20 y otro a las 23.40.
- ¿A qué hora llega el de las 21.20?
- A las 6.35.
- ¿Lleva literas?
- Sí.
- Pues deme un billete con litera.

5 a **Observa este horario de autobuses y responde a las preguntas.**

EMPRESA
FERNÁNDEZ-RES, S.A.
LEÓN

Horarios de los servicios de: LEÓN, VALLADOLID, ASTORGA y PALENCIA con MADRID

DOMINGOS Y FESTIVOS

SALIDA DE MADRID

Madrid	Valladolid	Astorga	Palencia	León
9.00	11.30 *	_._	12.30	_._
10.00 (4)	_._	_._	_._	14.00
10.00	12.30 *	_._	_._	14.30
10.30 (3)	13.00	_._	_._	_._
15.00 (3)	17.30	_._	_._	_._
16.00 (4)	_._	_._	_._	20.00
16.00	18.30 *	_._	19.30	_._
19.00	21.30 *	_._	_._	23.30
20.00	22.30 *	_._	23.30	_._
21.00 (3)	23.30 *	_._	_._	_._
23.00	1.30 *	_._	2.30	_._
24.00	2.30 *	_._	_._	4.30

(*) No se despachan billetes con antelación
(3) Directo por autopista
(4) Servicio preferente

- ¿Cuántos autobuses hay para León?
- ¿A qué hora llega el último a León?
- ¿Cuántos salen de Madrid por la mañana?
- ¿Cuánto dura el viaje de Valladolid a Palencia?
- ¿Para algún autobús en Astorga?
- ¿A qué hora sale el primero que va a Valladolid por autopista?

b **¿Tenéis buena memoria? En parejas. Uno de los dos cierra el libro y el otro le hace preguntas sobre la información del horario.**

6 Escucha esta conversación y completa el cuadro.

2|22

¿Adónde quiere ir?	
¿A qué hora llega el tren de las 10.20?	
¿Y el de las 11.10?	
¿Para qué tren es el billete que compra?	

7 Ahora vosotros. En parejas.

Alumno A

Son las 2.45 y estás en la estación de Córdoba. Quieres comprar un billete para llegar a Málaga antes de las 8.30, pero no sabes qué trenes hay para ir a esa ciudad.

Alumno B

Eres un empleado de RENFE y trabajas en la estación de Córdoba. Atiende al alumno A y consulta este horario si lo necesitas. Luego, véndele un billete si te lo pide.

Córdoba		7.50	16.15	19.08	4.01	5.10	3.01
Montilla			16.53		4.43		3.43
Aguilar de la Frontera			17.00		4.53		
Puente Genil		8.44	17.16	19.53	5.16	6.06	4.04
Casariche			17.26				
La Roda de Andalucía			17.35		5.41		
Bobadilla	○	9.17	17.50	20.21	6.05	6.41	4.53
Bobadilla							4.53
Ronda							6.17
San Roque-La Línea							8.04
Algeciras	○						8.25
Bobadilla		9.21	17.51	20.22	6.10	6.46	■
Alora		9.53	18.28		6.51		
Málaga	○	10.30	19.00	21.20	7.40	8.00	

Lugares públicos

8 **Mira este plano de una zona de Madrid y responde a las preguntas.**

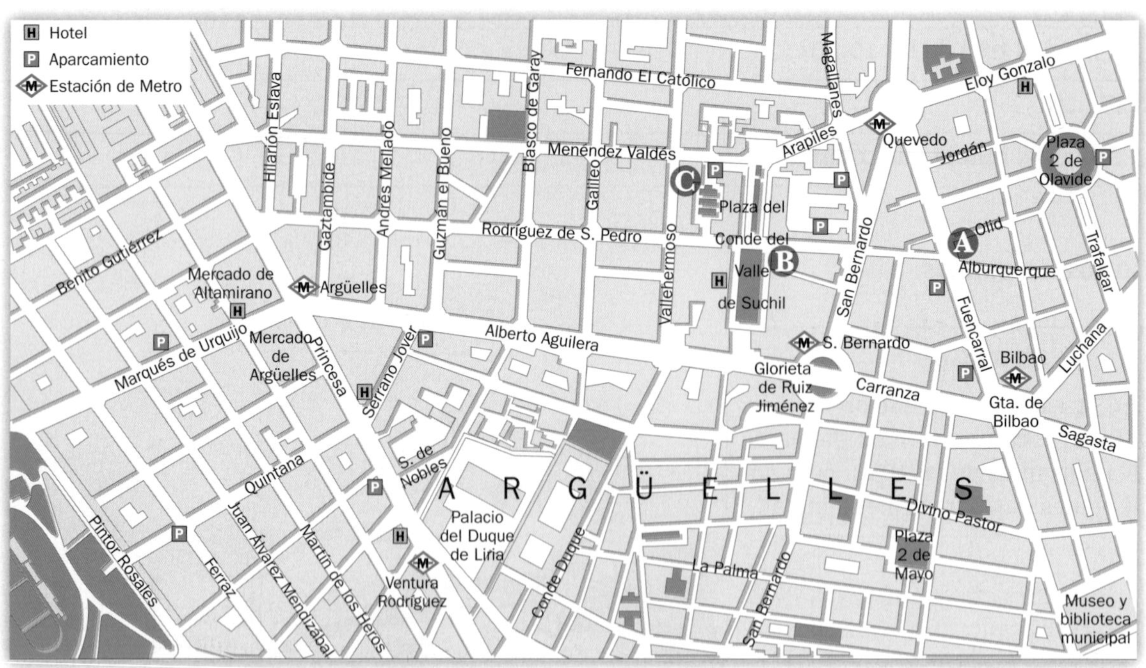

1. ¿Qué barrio aparece?
2. ¿Están señalados el ayuntamiento y la Plaza Mayor?
3. ¿Puedes ver qué calles son peatonales?
4. ¿Qué hay en la esquina de las calles Alberto Aguilera y Princesa?
5. ¿Hay alguna catedral señalada en el plano? ¿Y alguna estatua o algún castillo?
6. ¿Dónde hay un aparcamiento?
7. ¿Dónde está el palacio del Duque de Liria?

Fonética

Entonación

9 **a** **Busca en el plano dos palabras que se escriben con *g* y otras dos con *j*. ¿Cómo se pronuncian?**

b **Observa.**

/x/
ja
je, ge
ji, gi
jo
ju

/g/
ga
gue
gui
go
gu, güe, güi

c **Busca más palabras en el plano y escríbelas en la columna correspondiente.**

/x/	/g/
Urquijo	Rodríguez

d **Escucha y escribe las palabras que oigas en esas mismas columnas. Luego, añade otras palabras que conozcas.**

2|23

10 a **Escucha y lee estos tres diálogos.**

2|24

1

María	¿La calle de San Andrés, por favor?
Chico	Lo siento, no conozco este barrio. No soy de aquí.
María	Gracias.
Chico	De nada.

2

María	¿La calle de San Andrés, por favor?
Chica	La primera a la derecha.
María	Gracias.
Chica	Adiós.

3

María	Oiga, perdone, ¿hay un cajero automático por aquí?
Señor	Sí, hay uno al final de la calle, a la izquierda.
María	¿Está muy lejos?
Señor	No, aquí mismo. A unos cinco minutos andando.
María	Gracias.

b **¿A cuál de los tres diálogos corresponde el dibujo?**

c **Escucha y repite.**

2|25

- ¿La calle de San Andrés, por favor?
- Lo siento, no conozco este barrio.

- Oiga, perdone, ¿hay un cajero automático por aquí?
- Sí, hay uno al final de esta calle, a la izquierda. Está aquí mismo. A unos cinco minutos andando.

11 **Mira el plano de la actividad 8. Estás en A (calle Olid - calle Fuencarral). ¿Cómo respondes a estas preguntas? Escríbelo.**

1

- ¿La calle Alburquerque, por favor?
- ....

2

- Oiga, perdone, ¿hay una estación de metro por aquí?
- ....

3

- Oiga, perdone, ¿hay un aparcamiento por aquí?
- ....

12 a **Observa estos dibujos y lee las instrucciones en lenguaje formal.**

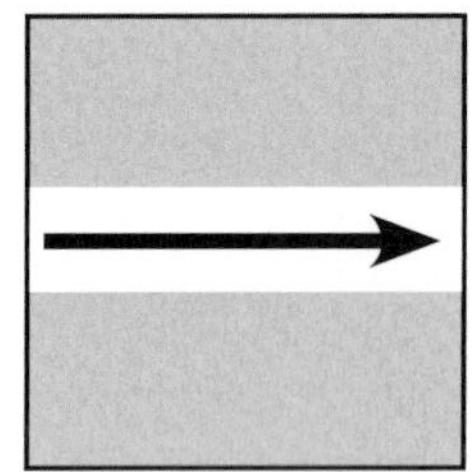

- Siga (todo) recto

- Gire a la izquierda

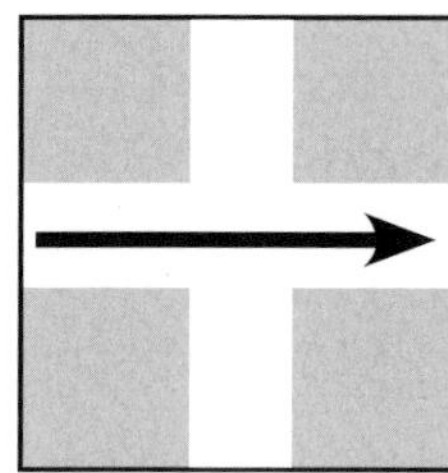

- Cruce

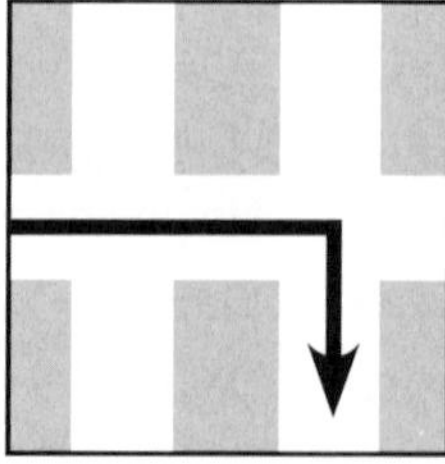

- Coja/Tome la segunda a la derecha

b **Lee el diálogo siguiente y marca el camino en el plano de la actividad 8. Están en B (calle Rodríguez San Pedro - plaza del Conde del Valle de Suchil). Puedes usar el diccionario.**

- Oiga, perdone, ¿sabe dónde está la plaza del Dos de Mayo?
- Sí, siga todo recto y gire la primera a la derecha. Entonces tome la calle de... San Bernardo y cruce la glorieta de Ruiz Jiménez.
- ¿Cómo? ¿La glorieta de...?
- Ruiz Jiménez. Luego siga todo recto hasta... la tercera a la izquierda. Al final de esa calle está la plaza del Dos de Mayo.
- Entonces... cruzo la glorieta y cojo la tercera a la izquierda...
- Exacto.
- Muchas gracias.

13 **Completa este cuadro con formas del imperativo.**

El imperativo

	GIRAR	CRUZAR	TOMAR	PERDONAR	COGER	SEGUIR	OíR
Tú	gira	cruza	toma	perdona	coge	sigue	oye
Usted							

14 a **Mira el plano de la actividad 8 y escribe las instrucciones necesarias para ir de C (calle Vallehermoso - calle Meléndez Valdés) a los siguientes lugares:**

Un hotel

El palacio del Duque de Liria

Una estación de metro

Pregunta al profesor si tienes dudas.

b **Practica con tu compañero.**

Oye, perdona, ¿hay un hotel por aquí?

15 **Escucha y marca el camino en el plano.**

2|26

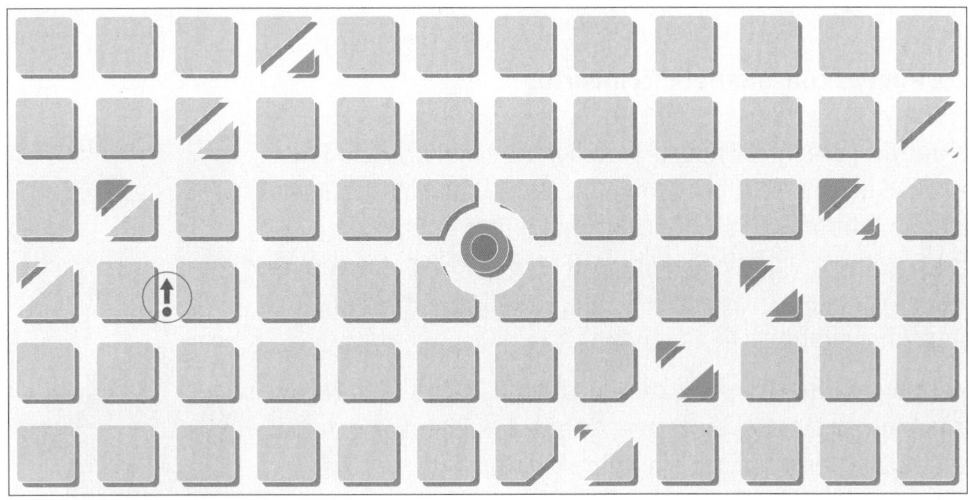

16 **En parejas.**

Alumno A

1. Marca en el plano:
   - Una parada de autobús
   - El café de la Ópera
   - Un estanco
   - El cine Céntrico
2. Estás en la plaza del Perú. Pregunta a tu compañero por estos sitios y márcalos en el plano.
   - Una farmacia
   - El restaurante El Siglo
   - Una estación de metro
   - Una cabina de teléfono
3. Da instrucciones a tu compañero para ir a los sitios por los que te pregunte.
4. Enseña el plano a tu compañero. ¿Coincide todo con el suyo?

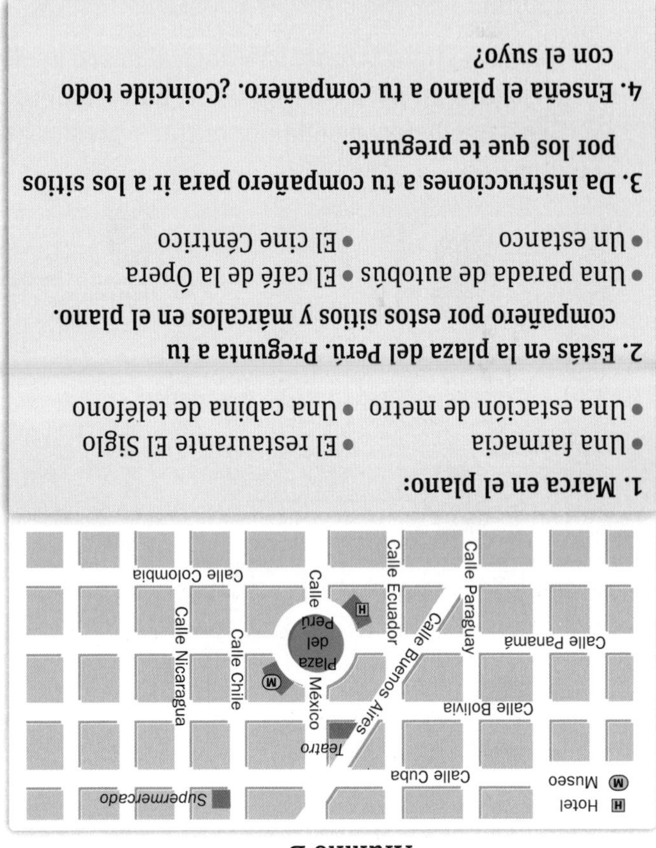

Alumno B

17 **a** **Piensa en un lugar público cercano a donde estás ahora y en cómo se va desde donde estás.**

b **Dale las instrucciones necesarias a tu compañero para ir allí. ¿Sabe qué lugar es?**

- Coge/toma la calle... y sigue todo recto. Luego gira...
- ¡Ah! Es (el cine...).
- Sí.

Un paseo por Madrid

1 a **Lee este texto. Puedes consultar el diccionario.**

Puerta del Sol

Si quieres dar un paseo por Madrid para conocer mejor la ciudad, sigue estas instrucciones, visita estos lugares y... disfruta. Puedes comenzar en la Puerta del Sol, punto de encuentro de los madrileños y centro oficial de España: allí está el kilómetro cero de las principales carreteras nacionales. Busca también la estatua del Oso y el Madroño, símbolos de la ciudad.

Luego te recomendamos tomar la calle de Alcalá. Sigue todo recto y a unos setecientos metros, en la acera de la derecha, vas a ver el Círculo de Bellas Artes, el mejor ejemplo madrileño de *art déco*. Sigue por la calle de Alcalá y en un minuto vas a estar en la plaza de Cibeles. En el centro vas a ver la famosa fuente de Cibeles, uno de los monumentos más característicos de Madrid. Enfrente, a la izquierda, está la Casa de América y a la derecha, el antiguo Palacio de las Comunicaciones, actual sede del Ayuntamiento de la capital.

Después gira a la derecha y coge el paseo del Prado. Sigue todo recto, cruza la plaza de Cánovas del Castillo y un poco más adelante, a tu izquierda, está el Museo del Prado, uno de los mejores del mundo. Claro que te recomendamos entrar y prestar especial atención a pintores como Goya y Velázquez, entre otros.

Museo del Prado

Ayuntamiento

Fuente de Cibeles y Casa de América

Círculo de Bellas Artes

b **Lee de nuevo, marca el camino en el plano (estás en la Puerta del Sol) y pon los nombres de los edificios y lugares de las fotos en los rectángulos correspondientes.**

c **¿Has descubierto alguna información curiosa o interesante sobre Madrid? Díselo a la clase.**

Recuerda

COMUNICACIÓN

Preguntar por preferencias y expresar preferencia

Hacer comparaciones

- ● ¿Qué prefieres: el tren o el autobús?
- ○ Prefiero el tren, porque es más cómodo.

GRAMÁTICA

Verbo *preferir*: presente de indicativo irregularidad *e-ie*

Pref**ie**ro, pref**ie**res, pref**ie**re, preferimos, preferís, pref**ie**ren.

(Ver resumen gramatical, apartado 3.1.2.2)

COMUNICACIÓN

Pedir y dar información sobre medios de transporte

- ● ¿(Me puede decir) Qué trenes hay para Málaga?
- ○ Hay uno dentro de un cuarto de hora y otro a las 23.10.
- ● ¿A qué hora llega el de las 23.10?
- ○ A las 5.45.

GRAMÁTICA

***Acabar de* + infinitivo**

- ● Ese tren acaba de salir.

COMUNICACIÓN

Preguntar por la existencia y ubicación de lugares públicos.

- ● ¿Sabe dónde está la calle Zurbano, por favor?
- ○ Es esta. / Es la segunda a la izquierda.

- ● ¿Hay un restaurante por aquí?
- ○ Sí, hay uno al final de esta calle a la derecha.

Hablar de distancias

- ● ¿Está lejos?
- ○ No, aquí mismo, a unos cien metros. / a cinco minutos.

Dar instrucciones para ir a un lugar

- ● Siga todo recto y tome la tercera a la derecha.
- ● Cruce la plaza y gire la primera a la derecha.

GRAMÁTICA

Imperativo afirmativo, singular

Verbo	Tú	Usted
tomar	toma	tome
girar	gira	gire
cruzar	cruza	cruce
perdonar	perdona	perdone
coger	coge	coja
seguir	sigue	siga
oír	oye	oiga

(Ver resumen gramatical, apartado 3.5)

En la playa: ¿Qué acaba de hacer?

1 a **Forma expresiones relacionando palabras de las dos columnas. Puedes consultar el diccionario.**

1. Ponerse	A. el sol.
2. Quitarse	B. al agua.
3. Tirarse	C. un helado.
4. Salir	D. crema protectora.
5. Tomar	E. a la playa.
6. Comprar	F. las gafas.
7. Llegar	G. un balonazo.
8. Hacer	H. del agua.
9. Recibir	I. la siesta.
10. Dormir	J. un castillo de arena.

b **En parejas.**

Alumno A: Mira el dibujo y escribe a lápiz uno de estos nombres al lado de cada una de las personas. Luego, responde a las preguntas de tu compañero.

Elena	Fernando	Lucía	Hugo	Natalia	Raúl	Pilar	César	Gloria	Carlos

Alumno B: Pregunta a tu compañero qué acaba de hacer cada una de estas personas y escribe a lápiz el nombre correspondiente al lado de cada persona del dibujo.

Elena	Fernando	Lucía	Hugo	Natalia	Raúl	Pilar	César	Gloria	Carlos

- ¿Qué acaba de hacer Elena?
- Acaba de...

c **Comprobad. Luego, borrad los nombres y cambiad de papel para realizar de nuevo la actividad.**

¿Qué salida del parque?

2 a **En parejas. Elige uno de los cuatro lugares indicados en los carteles de las salidas del parque. Luego, dale a tu compañero las instrucciones necesarias para llegar allí y descubrir cuál es.**

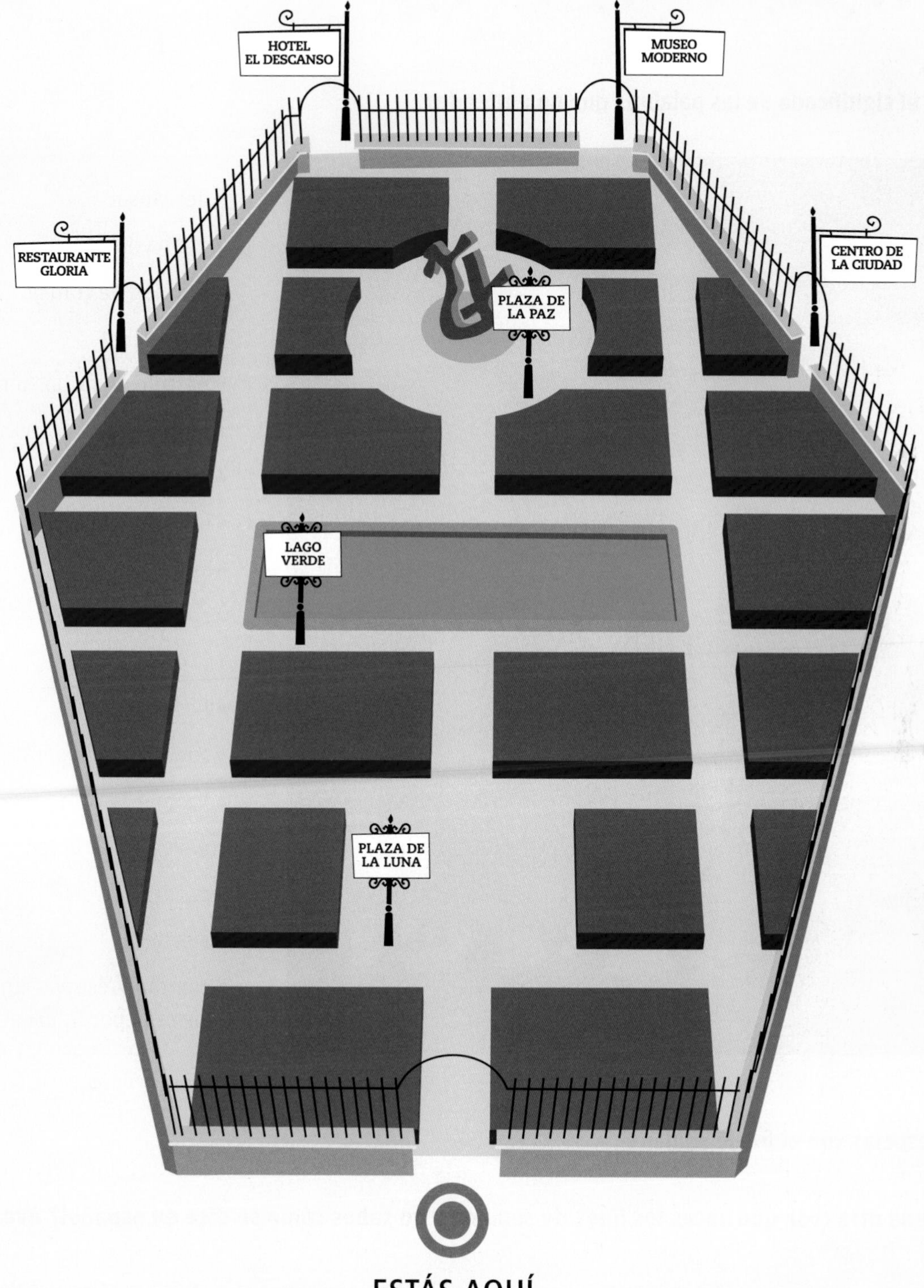

b **Ahora pon tú el cartel de otro lugar en el plano y dale instrucciones a tu compañero para que descubra qué es y dónde está.**

13 ¿Qué tal el fin de semana?

OBJETIVOS

- Hablar del pasado: expresar lo que hicimos el fin de semana pasado
- Pedir valoración
- Valorar actividades y hechos pasados

1 a **Averigua el significado de las palabras que no entiendas.**

- descansar
- gimnasio
- reunión de trabajo
- exposición
- partido de fútbol/tenis/...
- entrevista
- musical
- obra de teatro
- cita
- conferencia
- ir de paseo
- fiesta
- concierto de ópera
- limpiar la casa
- navegar por la red
- piscina
- siesta
- comprar/reservar una entrada por internet

b **¿Cuáles asocias con el fin de semana?**

c **¿Hay alguna otra cosa que haces los fines de semana y no sabes cómo se dice en español? Averígualo.**

d **Copia en tu cuaderno las palabras de los apartados a) y c) que no conocías. Luego, cierra el libro y escribe la traducción en tu lengua.**

Fonética

La sílaba fuerte

2 a **Pronuncia todas las palabras de la actividad anterior.**

b **Selecciona las más difíciles de pronunciar y practícalas con la ayuda del profesor. Presta especial atención a las que son parecidas en tu lengua pero no se pronuncian igual.**

3 a **Lee el diálogo. ¿Lo entiendes?**

Señora ¿Y qué tal el fin de semana?

Chico Muy bien. El sábado por la noche estuve en una fiesta de cumpleaños y me lo pasé estupendamente. Fue una fiesta divertidísima, y me divertí y me reí muchísimo.

Señor ¡Qué bien! Pues yo pasé el fin de semana en la sierra con mi familia y no hice nada especial: di varios paseos, leí bastante... ¡ah!, y dormí y descansé mucho.

Señora Yo el sábado por la noche me quedé en casa viendo la televisión, pero el domingo fui a un concierto de ópera que estuvo muy bien y me gustó mucho.

b **¿Verdadero o falso?**

	V	F
1. El chico estuvo en una fiesta muy divertida.	☐	☐
2. Se lo pasó muy bien.	☐	☐
3. El señor tuvo un fin de semana tranquilo.	☐	☐
4. Se divirtió mucho con su familia.	☐	☐
5. La señora leyó bastante el sábado por la noche.	☐	☐
6. Durmió poco el sábado por la noche.	☐	☐

c **Sustituye las frases falsas por otras verdaderas.**

d **En grupos de tres. Practicad el diálogo del apartado a).**

4 a Lee de nuevo las frases de 3b y di cuáles de los verbos incluidos en ellas son irregulares (en pretérito indefinido) solo en la tercera persona. ¿Puedes decir por qué?

b Todos estos verbos son también irregulares en la tercera persona del pretérito indefinido. Piensa en la irregularidad de cada uno y anótalo en la columna correspondiente.

- sentir
- morir
- seguir
- preferir
- oír
- repetir
- construir
- elegir
- pedir
- creer
- servir

e→i	y	o→u
sentir		

c Fíjate.

Pretérito indefinido

REÍRSE
me reí
te reíste
se **rio**
nos reímos
os reísteis
se **rieron**

5 a Completa este cartón de bingo con formas irregulares de pretérito indefinido de verbos que han aparecido en esta lección.

b 2|27 Vas a escuchar el infinitivo de los verbos tratados en la lección. Marca las formas (escritas en el apartado a) que correspondan a los verbos que oigas. Si completas el cartón, di "¡Bingo!".

c Si has cantado bingo, di en voz alta las formas que has marcado y los infinitivos correspondientes.

6 a **¿Conoces otros verbos irregulares en pretérito indefinido? Escríbelos.**

poder → pude

b **Compáralos con los de tus compañeros y anota los que no conocías (o no recordabas) y te parezcan útiles.**

7 a **Piensa qué hiciste el pasado domingo por la tarde.**

(Quedé con un amigo y fui al cine con él...).

b **En grupos de cinco. Averigua qué hicieron tus compañeros.**

c **Comentad al resto de compañeros cuáles fueron las actividades más realizadas en vuestro grupo, tomad nota de lo que os digan ellos y decidid cuáles fueron las actividades más realizadas por la clase.**

(Dos personas de nuestro grupo quedaron con amigos y fueron al cine).
Las actividades más realizadas el pasado domingo por la tarde fueron: (quedar con amigos)...

Valoración de actividades y hechos pasados

8 a **Lee el diálogo. ¿La valoración que hace el chico es positiva o negativa?**

Chica ¿Qué tal la conferencia del viernes?

Chico Horrible. Fue una conferencia pesadísima y muy aburrida. Un rollo.

Chica ¡Vaya! ¡Qué mala suerte!

b **¿Cuáles de estos adjetivos utilizados para valorar tienen sentido negativo?**

- Interesante
- Estupendo
- Horroroso
- Pesado
- Bueno
- Divertido
- Malo
- Aburrido

c **¿Te has fijado en cómo se expresa *muy pesada* en el diálogo? ¿Cómo se ha formado esa palabra?**

d **Ahora escribe tú la forma superlativa de estos adjetivos.**

- Interesante → interesantísimo
- Bueno
- Divertido
- Malo
- Aburrido

9 a **Completa las frases con estos verbos en el tiempo y la persona apropiados.**

- ser
- estar
- gustar
- aburrirse
- pasárselo
- encantar

1. El viernes estuve en un concierto malísimo; no me .... nada.
2. La conferencia del otro día .... buenísima.
3. El sábado vi un partido de fútbol que .... muy bien.
4. Anoche estuve en una fiesta y me lo .... estupendamente.
5. Ayer cené con una gente muy seria y me .... mucho. Fue un rollo.
6. El otro día vi una película que me .... ; me pareció interesantísima.

b **¿Te identificas con alguna de esas informaciones? Díselo a tu compañero.**

Yo también (vi el otro día una película que)...

10 a **Escribe otras frases expresando y valorando actividades o hechos que realizaste la semana pasada.**

b **Compáralas con las de tu compañero. ¿Hay alguna coincidencia? En caso afirmativo, decídselo a la clase.**

11 a Escucha estos diálogos y completa la columna "¿Qué hizo?".

2|28

		¿Cuándo?	¿Qué hizo?	¿Qué tal?
1.	Ella			
	Él			
2.	Ella			
	Él			

b Escucha de nuevo y completa las otras columnas.

2|29

12 a Averigua qué hizo tu compañero el sábado por la tarde y por la noche, y qué tal se lo pasó.

- ¿Qué hiciste el sábado por la tarde?
- ...

b En grupos de cuatro. Cuéntaselo a tus compañeros y decidid entre todos quién pasó la mejor tarde y la mejor noche del sábado.

El tiempo libre en España

1 a **¿Cuáles crees que son las actividades de tiempo libre más practicadas por los españoles? Escríbelo.**

Jóvenes	
Adultos	
Tercera edad	

b **Lee este artículo y comprueba.**

¿QUÉ HACEN LOS ESPAÑOLES EN EL TIEMPO LIBRE?

Los jóvenes españoles dedican la mayor parte de su tiempo libre a estar con sus amigos. Para ellos son muy importantes las actividades que se realizan fuera de casa. Además, ven mucho la televisión, escuchan mucha música, pasan bastantes ratos delante del ordenador y son quienes más deporte practican y más viajan.

Los adultos, en cambio, pasan mucho tiempo en compañía de su familia y ven la televisión muchas horas a la semana. Por otra parte, las populares salidas al campo los fines de semana y las vacaciones de verano son los momentos en que los adultos disfrutan más del tiempo libre.

La tercera edad es el 15 % de la población española, no trabaja, tiene en su mayoría buena salud y muchísimo tiempo libre. Según el Instituto de Servicios Sociales, la mayor parte de los jubilados no practica deporte ni suele salir de casa para asistir a actos sociales o culturales. Ver la televisión, escuchar la radio y pasear es lo que más hacen. Pero una minoría que está aumentando tiene otras aficiones, como la lectura, los viajes culturales y otras actividades de tipo intelectual.

El País Semanal (adaptado)

c **¿Te ha sorprendido alguna de las informaciones del texto? Coméntala con la clase.**

d **Ahora piensa en lo que hacen en su tiempo libre los jóvenes, los adultos y los jubilados de tu país. ¿Encuentras diferencias con respecto a España? Coméntaselo a tus compañeros.**

Recuerda

COMUNICACIÓN

Hablar del pasado: expresar lo que hicimos el fin de semana pasado

- ¿Qué hiciste el sábado por la noche?
- Quedé con unos amigos y fuimos a bailar.

GRAMÁTICA

Pretérito indefinido

Verbos irregulares en las terceras personas con alternancia *e-i*

Divertirse: me divertí, te divertiste, se div**i**rtió, nos divertimos, os divertisteis, se div**i**rtieron.

Otros verbos con alternancia *e-i*

Sentir, pedir, repetir, seguir, servir, preferir, elegir.
(Ver resumen gramatical, apartado 3.2.2.4)

Verbos con alternancia *o-u*

Dormir: dormí, dormiste, d**u**rmió, dormimos, dormisteis, d**u**rmieron.

Otro verbo con esa irregularidad: *morir*
(Ver resumen gramatical, apartado 3.2.2.3)

Verbos con *y*

Leer: leí, leíste, le**y**ó, leímos, leísteis, le**y**eron.

Otros verbos con esta irregularidad: *oír, creer, construir, influir*
(Ver resumen gramatical, apartado 3.2.2.5)

Otras irregularidades

Reírse: me reí, te reíste, se r**i**ó, nos reímos, os reísteis, se r**i**eron.
Dar: d**i**, d**iste**, d**io**, d**imos**, d**isteis**, d**ieron**.

COMUNICACIÓN

Valorar actividades y hechos pasados

- ¿Qué tal estuvo la fiesta anoche?
- ¡Ah! Muy bien. Fue una fiesta divertidísima, y me divertí y me reí mucho.
- ¡Qué bien!

GRAMÁTICA

Ser + bueno/malo
Estar + bien/mal
(Ver resumen gramatical, apartado 6)

Superlativo absoluto

aburrido → aburridísimo/-a
interesante → interesantísimo/-a
(Ver resumen gramatical, apartado 19)

Un buen fin de semana

Lee lo que dice Patricia. ¿Qué dibujos tienen relación con el texto?

"Un fin de semana del que tengo un buen recuerdo es uno que pasé en una casa rural en junio pasado, justo después de los exámenes. Fuimos ocho amigos y amigas juntos para celebrar el fin de curso y yo, como el resto de mis amigos, me lo pasé muy bien, me divertí mucho y me reí muchísimo.

El sábado por la mañana hicimos una excursión por la montaña hasta un lugar precioso, nos bañamos en un río y luego tomamos el sol. Después de comer empezamos a hablar y no paramos ¡hasta las seis de la tarde! Yo me lo pasé genial y me reí mucho. Volvimos a la casa rural, cenamos allí y luego empezamos a tocar la guitarra y a cantar. Al final, pusimos música y estuvimos bailando hasta muy tarde.

El domingo fue más tranquilo. Fuimos andando al río y nos bañamos de nuevo antes de volver a Madrid. El viaje se me hizo muy corto porque mis amigos son graciosísimos y tengo un recuerdo buenísimo de ese fin de semana. Para mí fue como una fiesta continua, disfruté muchísimo y me lo pasé genial".

b **Mira los dibujos que no tienen relación con el texto y escribe cuatro cosas que no hizo Patricia ese fin de semana.**

A. ....

B. ....

C. ....

D. ....

2 a **Elige un fin de semana del que tengas un buen recuerdo y piensa cómo se lo vas a contar a un compañero. Puedes escribir las frases más difíciles.**

b **Cuéntaselo a un compañero y escucha el relato de su fin de semana. ¿Hay alguna coincidencia entre los dos?**

c **¿Qué es lo que más te ha gustado del fin de semana de tu compañero o te ha parecido más curioso o interesante? Díselo a la clase.**

3 a **El fin de semana de Bernardo. El último fin de semana fue un fin de semana diferente para Bernardo. Fue a visitar a un amigo suyo que vive en Málaga. Allí hicieron muchas cosas juntos y se lo pasaron genial. Tienes cuatro minutos para escribir el máximo número posible de frases expresando cosas que hizo Bernardo o que hicieron los dos.**

b **Compara con un compañero. ¿Quién tiene más frases correctas?**

4 a **Juego en cadena. En grupos de cuatro. Por turnos, un alumno dice una cosa que hizo Bernardo el fin de semana pasado. El compañero de la derecha repite todo lo que ha oído y añade otra cosa que hizo Bernardo. El juego termina cuando un alumno no repite todo correctamente o no añade otra frase correcta.**

b **¿Qué grupo ha encadenado más frases?**

14 Objetos y regalos

OBJETIVOS

- Describir objetos
- Expresar finalidad
- Expresar de qué está hecho un objeto
- Expresar posesión
- Hablar de regalos: los que recibimos y los que hacemos

1 a **Lee estas palabras y busca en el diccionario cinco que no conozcas.**

- Mochila
- Gorra
- Pañuelo
- Cepillo de dientes
- Agenda
- Pasta de dientes
- Jabón
- Champú
- Toalla
- Sombrero
- Peine
- Colonia
- Tarjeta de visita
- Tarjeta de crédito
- Paraguas
- Llavero
- Cartera
- Encendedor
- Maquinilla de afeitar

b **Pregúntales a tus compañeros qué significan las restantes.**

c **Subraya en el apartado a) los nombres de estos objetos.**

Fonética

2 a **Pronuncia cada una de las palabras de la actividad anterior.**

b **Escucha, comprueba y repite.**

2|30

3 a **Averigua el significado de los verbos y expresiones que no conozcas. Fíjate en los reflexivos.**

- Peinar**se**
- Lavar**se** (el pelo)
- Afeitar**se**
- Secar**se**
- Presentar**se**
- Cepillar**se** los dientes
- Limpiar**se** la nariz
- Perfumar**se**
- Proteger**se** (del sol/de la lluvia)

- Llevar llaves
- Llevar objetos personales
- Llevar dinero y documentos
- Encender
- Pagar
- Escribir

b **Practica los más difíciles de pronunciar.**

c **Piensa en la utilidad de los objetos de 1a y relaciónalos con los verbos y expresiones.**

Toalla → secarse

4 **Mira el dibujo y luego juega con tus compañeros.**

5 a **Asegúrate de que entiendes estas palabras, que sirven para describir objetos.**

- Plástico
- Madera
- Pesado
- Mediano
- Oscuro
- Ligero
- Metal
- Redondo
- Claro
- Papel
- Rectangular
- Cristal
- Blando
- Tela

b **Escríbelas en la columna correspondiente.**

Forma	Material	Otras características
cuadrado	piel	duro

6 **Lee estas descripciones. ¿A qué objeto corresponde cada una de ellas?**

1. Es estrecho, largo, duro y de color rojo. Es de madera y sirve para escribir, dibujar y pintar.

2. Es rectangular y de color negro. Es de piel y sirve para llevar dinero, tarjetas y documentos.

3. Es rojo, blanco, estrecho, largo y ligero. Es de plástico y sirve para lavarse los dientes.

7 a **Elige dos objetos que utilizas mucho o que te gustan mucho, y piensa en su descripción.**

b **Descríbeselos a tu compañero para que adivine cuáles son. Si tiene dificultades, puede hacerte preguntas a las que tú responderás "sí" o "no", o puedes darle alguna pista.**

Expresar posesión

8 a **Observa cómo usan los posesivos estas personas.**

b **Fíjate.**

Posesivos: formas tónicas

singular		plural	
masculino	**femenino**	**masculino**	**femenino**
mío	mía	míos	mías
tuyo	tuya	tuyos	tuyas
suyo	suya	suyos	suyas
nuestro	nuestra	nuestros	nuestras
vuestro	vuestra	vuestros	vuestras
suyo	suya	suyos	suyas

c **Ahora completa estas viñetas.**

9 a **Descubre al mentiroso. Mete en la bolsa del profesor uno o dos objetos personales sin que los vean tus compañeros.**

b **Haz preguntas a tus compañeros para adivinar de quién es el objeto que te ha dado el profesor. Ten cuidado: tus compañeros te pueden mentir.**

Theo ¿Es tuyo este llavero?
Sarah No, no es mío; el mío es de piel. Este es suyo. (señalando a Richard)
Theo ¿Es tuyo este llavero, Richard?
Richard No, no es mío. Creo que es suyo. (señalando a Hannah)
Hannah No, ese llavero no es mío; el mío es más pequeño.
Theo Mmm... Creo que Richard es un mentiroso; creo que el llavero es suyo.
Richard Tienes razón; es mío.

10 a Escucha a tres personas jugando a las adivinanzas y anota las características de los objetos que describen.

2|31

	Objeto	¿De quién es?	¿Dónde está?	¿Cómo es?	¿De qué es?	¿Para qué es?
1.						
2.						

b **Pon en común con tus compañeros las características de los objetos y sugiere qué objetos pueden ser.**

- (El primero está en el suelo de la clase y...)
- Puede ser...

c **Escucha de nuevo y comprueba.**

2|32

11 **En grupos de cuatro. Cada alumno piensa en un objeto personal o de la clase, y sus compañeros tratan de adivinarlo haciendo preguntas a las que él responde "sí" o "no".**

- ¿Es tuyo?
- No, no es mío.
- ¿Es de la clase?
- Sí.
- ¿Es de madera?
- No.
- ...

Estrategias de comunicación

12 a **Comenta con tus compañeros qué haces cuando quieres referirte a un objeto en español pero no sabes cómo se dice.**

Puedes, entre otras cosas, describirlo. Puedes decir:
- Cómo es (color, tamaño, forma, etcétera).
- De qué es.
- Para qué es.

También es posible emplear algunas frases útiles:
- Es una cosa parecida a...
- Es como... y/pero...
- Es algo que...
- Es un objeto de (material)...

b **Piensa en un objeto que no sabes cómo se dice en español y descríbeselo a tus compañeros y al profesor para que te den la palabra española.**

Regalos

13 a **Lee lo que dicen estas personas.**

TU MEJOR REGALO

El mejor regalo que me han hecho en mi vida ha sido, sin duda, una guitarra. Me la regaló mi tío cuando tenía nueve años. Empecé a tocarla, a ir a clase de guitarra... y puedo decir que descubrí mi interés por la música gracias a ella.

Pues yo no podría decir ahora cuál ha sido el mejor regalo de mi vida. Sí recuerdo algunos que fueron muy importantes para mí: un balón que me regaló mi abuelo cuando era pequeño, una pluma que me regaló una amiga... En fin, todos tuvieron un significado especial para mí, no puedo decir que uno fue mejor que otro.

A mí mis padres me regalaron una bicicleta a los once años. Me la regalaron cuando acabé la Primaria: fue un premio. Recuerdo que era el regalo que más deseaba y, claro, me encantó. Luego la utilicé durante muchos años y todavía la tengo.

b **¿Te han hecho a ti alguna vez alguno de esos regalos? ¿Cuándo? Coméntaselo a tus compañeros.**

(A mí) Mis padres también me regalaron una bicicleta cuando era pequeño.

14 a **Piensa en el mejor regalo que te han hecho. Si no sabes cómo se dice en español, averígualo.**

b **En grupos de cuatro. Habla con tus compañeros y comprueba si tu regalo coincide con el de alguno de ellos.**

- ● ¿Cuál ha sido el mejor regalo que te han hecho?
- ○ Un ordenador.
- ● ¿Y quién te lo regaló?
- ○ (Me lo regaló) Una tía mía.

15 a ¿Sueles regalar alguna de estas cosas?

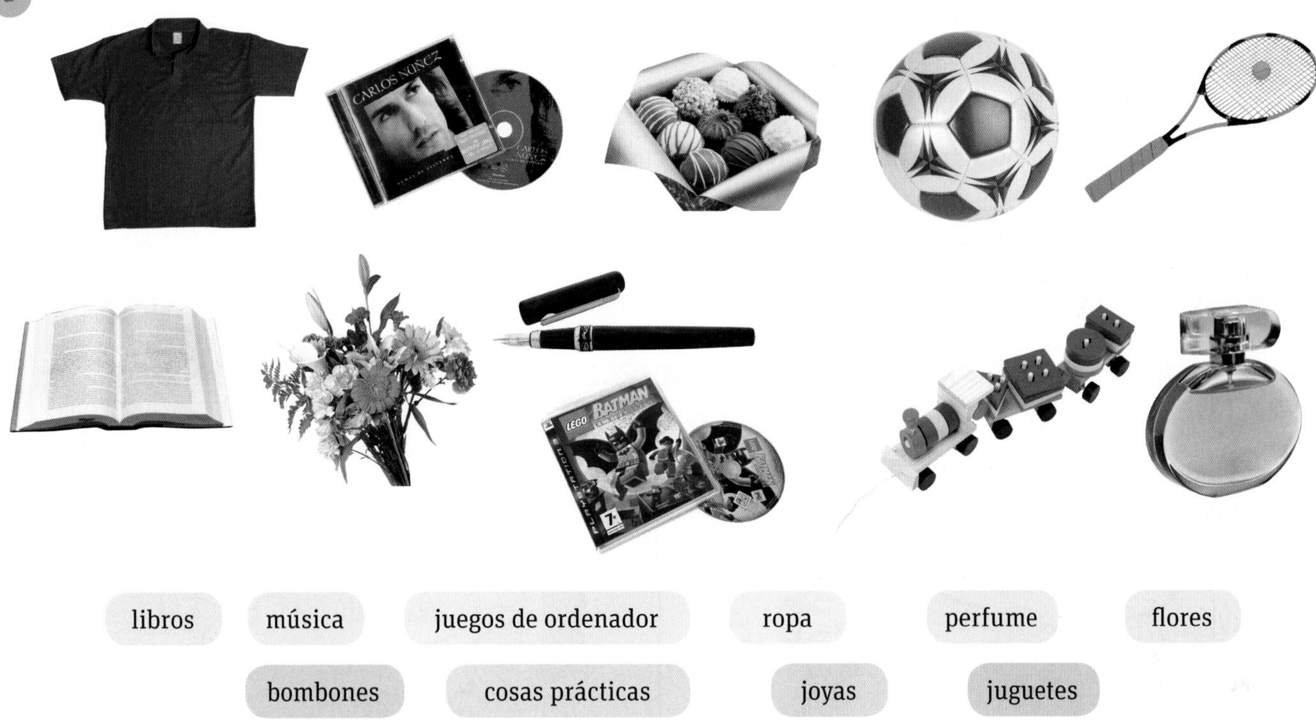

libros · música · juegos de ordenador · ropa · perfume · flores

bombones · cosas prácticas · joyas · juguetes

b ¿Qué otras cosas sueles regalar? Díselas a tu compañero y toma nota de las que te diga él.

También suelo regalar cómics,...

d Averigua a quién se las regala y si coincidís cuando hacéis regalos.

- ¿A quién le regalas cómics?
- (Se los regalo) A mi sobrino.

c Fíjate.

Pronombres de objeto indirecto (OI) + objeto directo (OD)

OI	OD
Me Te (~~Le~~) Se Nos Os (~~Les~~) Se	lo los la las

- ¿A quién le regalas música?
- **Se la** regalo a mi mejor amigo.

16 a Piensa en una celebración o un acontecimiento en el que te regalaron dos cosas como mínimo y en quién te las regaló.

b Coméntalo con un compañero.

En mi último cumpleaños me regalaron una mochila, un CD-ROM...
La mochila me la regaló...

c Dile a otro compañero lo que te acaban de comentar y añade un regalo muy extraño. ¿Se imagina cuál es el regalo que te has inventado?

A Walter le regalaron en su último cumpleaños una mochila, un...
La mochila se la regalaron sus compañeros...

Un cómic de Maitena

1 a Asegúrate de que entiendes estas frases.

- Los (hombres) que te dan la plata.
- Los que buscan sorprenderte.
- Los que, por no arriesgar, solo te regalan flores y perfumes.
- Los que te regalan lo que ellos quieren que uses.
- Los que le piden a otra persona que compre el regalo.

b Lee este cómic de Maitena, autora argentina, y escribe una de esas frases encima de cada viñeta.

A LA HORA DE REGALAR, LOS HOMBRES SE DIVIDEN EN SEIS GRUPOS

MAITENA, *Mujeres alteradas 2.*

c ¿Añadirías tú algún otro grupo en el que se puede incluir a algunos hombres cuando hacen regalos? Díselo a la clase.

2 a **En grupos de tres. Pensad en la actitud de las mujeres cuando hacen regalos y escribid algunas frases describiendo diferentes grupos en los que pueden ser incluidas.**

Las que...

b **Comentádselo a la clase. ¿Están vuestros compañeros y compañeras de acuerdo?**

3 **Y tú, ¿qué tienes en cuenta para elegir un regalo? ¿Crees que puedes incluirte en alguno de los grupos vistos? Díselo a la clase.**

Recuerda

COMUNICACIÓN

Describir objetos

- Es bastante pequeño, redondo y de color negro.

Expresar finalidad

- Es para llevar dinero y documentos.

Expresar de qué está hecho un objeto.

- Es de piel.

Expresar posesión

- ¿De quién es esta gorra?
- (Es) De Rachel.

- ¿Es tuya esta mochila?
- No, no es mía; la mía es negra.

GRAMÁTICA

***Ser* + *para* + infinitivo**
(Ver resumen gramatical, apartado 20)

***Ser* + *de* + nombre del material**
(Ver resumen gramatical, apartados 6.1 y 20)

***Ser* + *de* + nombre de persona**

***Ser* + posesivo (forma tónica)**
(Ver resumen gramatical, apartados 6.1 y 20)

Posesivos (formas tónicas)
(Ver resumen gramatical, apartado 2.2)

COMUNICACIÓN

Hablar de regalos: los regalos recibidos y los que hacemos

- ¿Cuál ha sido el mejor regalo que te han hecho?

- ¿A quién le regalas ropa?
- (Se la regalo) A mi hermana.

GRAMÁTICA

Pronombres de objeto indirecto (OI)
(Ver resumen gramatical, apartado 4.3)

Pronombres de OI + OD

Me	
Te	lo
Se	los
Nos	la
Os	las
Se	

(Ver resumen gramatical, apartado 4.6)

Juego de tarjetas

1 **En grupos de cuatro: pareja 1 (alumnos A y B); pareja 2 (alumnos C y D). Por turnos, cada alumno toma una tarjeta y le describe a su compañero de pareja el objeto que hay dibujado en ella sin mostrársela (puede decir de qué material está hecho, su utilidad, cómo es...). Si su compañero adivina el objeto al primer intento, esa pareja obtiene un punto; si necesita más de un intento, obtiene medio punto. Gana la pareja que obtiene más puntos.**

2 a Lee este texto del escritor uruguayo Eduardo Galeano y pregúntale al profesor qué significa lo que no entiendas.

INTRODUCCIÓN A LA HISTORIA DEL ARTE

Ceno con Nicole y con Adoum. Nicole habla de un escultor que ella conoce, hombre de mucho talento y fama.
El escultor trabaja en un taller inmenso, rodeado de niños. Todos los niños del barrio son sus amigos.

Un buen día la alcaldía le encargó un gran caballo para una plaza de la ciudad.
Un camión trajo al taller el bloque gigante de granito. El escultor empezó a trabajarlo, subido a una escalera, a golpes de martillo y cincel. Los niños lo miraban hacer.

Entonces los niños partieron, de vacaciones, rumbo a las montañas o el mar.

Cuando regresaron, el escultor les mostró el caballo terminado.

Y uno de los niños, con los ojos muy abiertos, le preguntó:

—Pero... ¿cómo sabías que adentro de aquella piedra había un caballo?

EDUARDO GALEANO: *Días y noches de amor y guerra.*

b Observa el dibujo e identifica en él estas personas, cosas y lugares.

- escultor
- taller
- niños
- caballo
- escalera
- martillo
- piedra

c ¿Qué es lo que más te ha gustado del relato? Coméntalo con tus compañeros.

15 Costumbres del pasado

OBJETIVOS

- Describir personas, lugares y cosas en pasado
- Expresar acciones habituales en el pasado
- Describir el carácter de una persona

1 a **¿Sabes algo sobre los incas? ¿Con qué parte del mundo los relacionas? ¿Y con qué época?**

b **Lee el texto y comprueba.**

LOS INCAS

Hacia el año 1100 d. C., los incas de habla quechua llegaron a los Andes desde el sur (lago Titicaca) y fundaron su capital, la ciudad de Cuzco.

Posteriormente comenzaron a explorar y conquistar nuevas tierras, y crearon el imperio más organizado de América Latina, que perduró hasta aproximadamente el año 1530. Los incas construyeron grandes ciudades y gobernaron un extenso territorio, el equivalente a los actuales Perú, Ecuador, el oeste de Bolivia, el norte de Chile y el noroeste de Argentina.

Ana María Machado: *Exploradores y aventureros en América Latina*, Ediciones SM.

2 a **Averigua qué significan las palabras que no entiendas.**

- Cultivar
- Sabio
- Piedra
- Tejado
- Maíz
- Transportar
- Llama (animal)
- Noble
- Licor
- Paja

b **¿Cuáles de esas cosas o animales puedes identificar en el dibujo?**

c **Ahora lee este texto sobre la vida de los incas.**

Los incas trabajaban en el campo. Cultivaban, sobre todo, maíz y patatas (o papas). La llama era un animal muy importante para ellos: la utilizaban para transportar cosas pesadas, con su lana hacían ropa y en las grandes ocasiones comían su carne.

La alimentación variaba de unas zonas a otras: en las regiones montañosas, la patata era el alimento principal; en las zonas más bajas, se tomaba mucho maíz. La bebida nacional era un licor que las mujeres hacían con maíz.

Vivían en sencillas casas que tenían las paredes de piedra, el tejado de paja y una sola habitación. No había ni mesas ni sillas, y la familia dormía en el suelo, excepto los niños durante su primer año de vida.

Los niños del pueblo no iban a la escuela; aprendían junto a sus padres lo que necesitaban: los varones ayudaban al padre en las tareas del campo; las niñas, a la madre en la casa y en el campo. En cambio, los hijos de los nobles eran educados durante cuatro años por los sabios.

3 a **¿Has observado que en el texto se emplea un nuevo tiempo del pasado, el pretérito imperfecto? Intenta completar este esquema.**

Pretérito imperfecto

Verbos regulares

-AR	-ER	-IR
TRABAJAR	**TENER**	**VIVIR**
trabajaba	tenía	vivía
trabajabas	tenías	vivías
trabajaba	tenía	vivía
trabajábamos	teníamos	vivíamos
trabajabais	teníais	vivíais
....	....	....

Verbos irregulares

SER	IR	VER
era	iba	veía
eras	ibas	veías
....	iba	veía
éramos	íbamos	veíamos
erais	ibais	veíais
....	....	veían

b **Ahora comprueba con el texto.**

Fonética

4 a Escucha e identifica la sílaba fuerte. 2|33

b Escucha y repite. 2|34

5 a **Escribe seis preguntas sobre la vida de los incas.**

¿Qué comían los incas?

b **Házselas a tu compañero para que las responda sin consultar el texto.**

6 a **He aquí una escena en el interior de una casa inca en el año 1500. Obsérvala con atención, descubre los errores y escribe frases sobre ellos.**

(En aquella época) No había teléfonos y, claro, | la gente no / no se | hablaba por teléfono.

b **Compara con tu compañero. ¿Quién ha descubierto más errores y ha escrito más frases correctas?**

7 **Escribe un mínimo de cinco frases verdaderas o falsas sobre aquella época. Luego, díselas a tu compañero. ¿Está de acuerdo en que son verdaderas o falsas?**

- Los incas vivían en chalés de madera muy modernos.
- Es mentira. Vivían en casas de piedra.

La infancia

8 a **Estas palabras sirven para hablar de la infancia. Pregunta el significado de las que no conozcas y forma dos pares de contrarios.**

- Juguete
- Premio
- Castigar
- Castigo
- Asignatura
- Notas
- Aprobar
- Suspender
- Hacer travesuras

b **¿Cuáles de esas palabras te traen recuerdos agradables? ¿Y desagradables?**

c **¿Recuerdas cuál era tu juguete preferido? ¿Y uno de tus juegos favoritos? Averigua cómo se dicen en español.**

El carácter

9 a **Averigua el significado de las palabras que no entiendas.**

- Tranquilo
- Nervioso
- Abierto
- Reservado
- Optimista
- Generoso
- Egoísta
- Amable
- Travieso
- Agradable
- Tolerante

b **¿Cuáles de ellas utilizarías para describir tu carácter a los diez años?**

c **En parejas. ¿Cómo crees que era tu compañero cuando tenía diez años? Díselo y comprueba si has acertado muchas cosas.**

Me imagino que cuando tenías diez años, eras un niño abierto y muy alegre, bastante tranquilo y un poco travieso...

10 a **Relaciona las dos mitades de cada frase.**

- Cuando tenía diez años, era un poco bajo/-a y tímido/-a...
- Vivía en la misma casa...
- Éramos tres hermanos/-as...
- Me gustaba mucho la música y tocaba la guitarra;...
- La asignatura que más me gustaba...
- No era mal estudiante,...
- Era bastante travieso/-a y...

... era la Historia.
... me castigaban algunas veces.
... pero bastante guapo/-a.
... y yo era el/la mayor.
... pero a veces suspendía alguna asignatura.
... que ahora.
... mi músico preferido era Carlos Santana.

b **¿Con cuáles te identificas? Díselo a tu compañero.**

11 a **Lee este cuestionario y anota tus respuestas.**

¿CÓMO ERA TU VIDA A LOS DIEZ AÑOS?

	Tú		
Aspecto y carácter.			
Lugar de residencia: ¿casa o piso?			
Tu familia.			
Tu mejor amigo.			
Juego o juguete preferido.			
Aficiones. Famoso admirado.			
Centro de estudios. Curso.			
Asignatura preferida.			
Asignatura más odiada.			
Notas. ¿Suspensos?			
Profesor preferido.			
¿Travieso? ¿Castigos?			

b **En grupos de tres. Pregunta a tus compañeros y anota sus nombres y sus respuestas.**

¿Cómo eras | cuando tenías / a los | diez años?

c **¿Con qué compañero coincides en más cosas? ¿Crees que habríais sido buenos amigos a los diez años? Coméntalo con él.**

d **Decidle a la clase en qué coincidíais a esa edad.**

David y yo éramos muy traviesos y nos castigaban muchas veces.

12 a **Escucha esta conversación entre Rafa y Ana sobre su infancia. ¿Quién no menciona ningún recuerdo malo?**

2|35

b **Escucha de nuevo la conversación y anota los recuerdos que oigas.**

2|36

	Rafa	Ana
Recuerdos buenos		
Recuerdos malos		

13 a **Dos grupos (A y B). Imagina la infancia del profesor o la profesora y decide con los miembros de tu grupo qué cosas hacía o le gustaban.**

b **Decídselas a él o ella para que confirme si las hacía o no. ¿Qué equipo tiene más aciertos?**

- Cuando eras pequeña, te gustaba mucho el colegio.
- Pues sí, me gustaba mucho.

14 **Habla de tu infancia con un compañero con el que no has trabajado en esta lección. Luego, toma nota de lo que él te diga.**

15 a **Utiliza esas notas para escribir en casa un texto sobre la infancia de ese compañero y añade dos informaciones sorprendentes que te inventes.**

LA INFANCIA DE NICK

Cuando Nick era niño...

b **Entrégaselo al profesor en la próxima clase (él se lo dará a otro estudiante para que descubra las dos informaciones inventadas).**

Estrategias de aprendizaje

16 a **Piensa en tu experiencia como estudiante y hablante de español. Luego, coméntale a la clase las cosas en las que has cambiado y mejorado.**

Antes entendía muy poco cuando escuchaba español. Ahora entiendo más (porque sé qué tengo que hacer cuando escucho).
Antes me ponía nervioso cuando tenía que hablar en clase, pero ahora no.

b **¿Han dicho tus compañeros algo interesante que te puede ser útil en el futuro? Anótalo y trata de ponerlo en práctica a partir de ahora.**

La sociedad inca

Lee el artículo (puedes usar el diccionario). Luego, complétalo con las frases siguientes.

☐ La familia tenía una gran importancia para ellos
☐ Las tareas de los hombres eran muy variadas
☐ Por eso tenía un poder absoluto
☐ Llegaron a tener una red de comunicaciones muy completa
☐ Que la trabajaba de manera colectiva

Para mucha gente, el Imperio inca es uno de los más sorprendentes de la historia, y la organización de su sociedad es uno de los aspectos que más les llaman la atención.

Los incas consideraban que su emperador, el Inca, era hijo del Sol, su máximo dios; **1.** .... sobre las personas, la tierra, los animales y los metales del imperio.

2. .... Cada persona era miembro de un *ayllu*, grupo formado por familias que descendían de un mismo individuo.

Machu Picchu, ciudad fortaleza inca construida a 2430 m de altura.

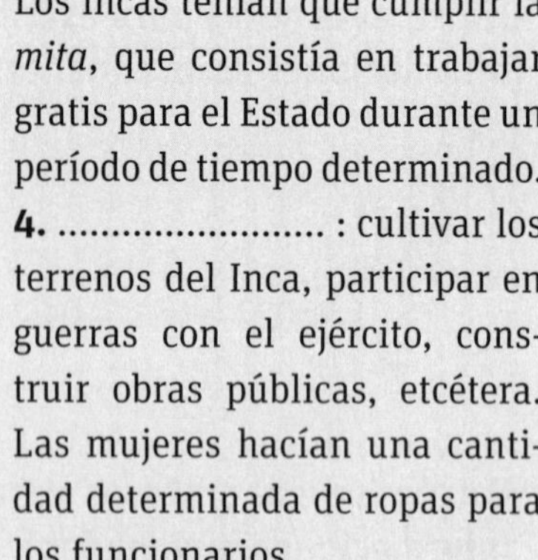

Los incas tenían que cumplir la *mita*, que consistía en trabajar gratis para el Estado durante un período de tiempo determinado. **4.** .... : cultivar los terrenos del Inca, participar en guerras con el ejército, construir obras públicas, etcétera. Las mujeres hacían una cantidad determinada de ropas para los funcionarios.

La economía tenía su base en la agricultura, y estaba controlada y dirigida por el Estado. La tierra era propiedad de este y se dividía en tres partes: una para el Inca, otra para el Sol y la tercera para el *ayllu*, **3.** .... Con los productos obtenidos, el Estado hacía frente a sus gastos (ejército, obras públicas, etcétera) y proporcionaba todo lo necesario para vivir, razón por la que no existía el hambre. Además, los ancianos y enfermos recibían ayuda especial.

Los incas construyeron unos 40 000 kilómetros de caminos.

5. .... A lo largo de los años construyeron por todo el territorio muchos caminos que facilitaban el trabajo de los *chasquis*, mensajeros muy rápidos, especialmente preparados, que iban corriendo a los diferentes lugares del imperio para llevar las noticias y comunicar las leyes.

b **Lee de nuevo y selecciona las informaciones que más te llamen la atención.**

c **Coméntalas con tus compañeros.**

Recuerda

COMUNICACIÓN

Describir personas, lugares y cosas en pasado
- Cuando era pequeño, era muy rubio y bastante alto.
- Mi casa era muy bonita y tenía un jardín.

Hablar de acciones habituales en el pasado
- De pequeño iba mucho al cine.
- A los diez años jugaba al fútbol en el equipo del colegio.

Describir el carácter de una persona
- De pequeño yo era un niño abierto, bastante nervioso y un poco travieso.

GRAMÁTICA

Pretérito imperfecto

Verbos regulares

(Ver resumen gramatical, apartado 3.4.1)

Verbos irregulares

Ir, ser, ver.

(Ver resumen gramatical, apartado 3.4.2)

Preposiciones

A
- A los diez años = cuando tenía diez años

De
- De pequeño = cuando era pequeño

La vida en España a principios del siglo XX

1 a ¿Cómo crees que era la vida en España hace unos cien años? Señálalo en la columna "Antes de leer". Puedes consultar el diccionario.

ANTES DE LEER V	F		DESPUÉS DE LEER V	F
☐	☐	1. A principios del siglo XX muchos españoles se fueron a vivir del campo a la ciudad.	☐	☐
☐	☐	2. En aquella época, en las ciudades había menos contaminación que ahora.	☐	☐
☐	☐	3. Las personas morían antes.	☐	☐
☐	☐	4. Los alimentos eran más sanos para la salud.	☐	☐
☐	☐	5. Era más difícil viajar.	☐	☐
☐	☐	6. Proporcionalmente había más niños que ahora.	☐	☐
☐	☐	7. Todos los niños podían estudiar.	☐	☐
☐	☐	8. Se trabajaba mucho y se ganaba poco.	☐	☐

b Lee y marca la columna "Después de leer".

A principios del siglo XX, en España vivía mucha más gente en el campo que ahora. Posteriormente, a lo largo del siglo, emigraron muchas personas a la ciudad.

Las ciudades eran más pequeñas que ahora, había pocos automóviles y estaban menos contaminadas.

La medicina estaba menos desarrollada y había enfermedades incurables que ahora tienen fácil curación. En general, la gente vivía bastantes menos años que ahora.

Los alimentos eran más naturales, tenían menos ingredientes artificiales y perjudiciales, pero se comía menos.

La gente viajaba menos. Había menos medios de transporte públicos y privados, y eran más lentos e incómodos.

En aquella época se tenían más hijos que ahora. La mayor parte de las familias eran numerosas.

No había suficientes escuelas y había niños sin escolarizar. Pocas personas realizaban estudios de grado medio y superior; la gran mayoría de ellas eran hombres.

Las condiciones laborales eran malas. La jornada laboral era dura y larga, y los salarios eran muy bajos.

c **Piensa en las respuestas a estas preguntas y coméntalas con la clase.**

- ¿Cuáles de las cosas que acabas de leer te parecen positivas?
- ¿En qué otros aspectos te parece mejor la vida de aquella época que la actual?

2 a **Lee las frases en las que Óscar dice cosas que hacía cuando tenía diez años.**

1. "Salía del colegio a la cinco de la tarde".
2. "Lo primero que hacía después de salir del colegio era merendar".
3. "Algunos días tenía actividades extraescolares por la tarde: iba a clase de música".
4. "Veía bastante la televisión y todos los días veía un programa infantil que me gustaba mucho".
5. "Jugaba mucho en la calle con mis amigos".
6. "Mis abuelos me llevaban muchos días al parque".
7. "Montaba mucho en bicicleta; me encantaba".
8. "No usaba el ordenador porque en aquella época no había".
9. "Normalmente sacaba buenas notas en Lengua y malas en Matemáticas".
10. "Casi todos los veranos iba de vacaciones a la playa con mi familia".

b **¿Cuáles de ellas hacías tú también a esa edad? Díselo a tu compañero.**

3 a **"¡Es mentira!". Escribe frases verdaderas y frases falsas sobre cosas que hacías tú cuando tenías diez años.**

Cuando tenía diez años leía mucho.

b **En parejas. Díselas a un compañero con el que no has trabajado en esta lección. Cuando cree que una frase es falsa, dice "¡Es mentira!". Si realmente es falsa, obtiene un punto; si es verdadera, lo obtienes tú.**

c **Coméntale qué otras frases falsas no ha descubierto. Anótate un punto por cada una de ellas.**

d **¿Quién tiene más puntos?**

Repaso 3

LECCIONES

1 a **Busca en las lecciones 11-15 y haz una lista de seis palabras que te parezcan útiles y te resulten difíciles.**

b **Muéstraselas a tu compañero y explícale las que no entienda. Comparad las dos listas y elegid las seis palabras que consideréis más útiles.**

c **Dos parejas, por turnos. Una pareja dice una de esas palabras, y la otra imagina y representa un pequeño diálogo incluyéndola. Si lo hace correctamente, obtiene un punto. Gana la pareja que consigue más puntos.**

2 a **Quieres alquilar una habitación. Has comprado el periódico y aparece este anuncio. Léelo y marca verdadero o falso.**

> **ALQUILO**
>
> VILLALAR, C/, zona Retiro. Ático de tres habitaciones, compartir con dos chicos, 50 m² de terraza, ascensor, teléfono, calefacción.
>
> 400 €/mes más gastos comunes.
> Tel.: 91 419 93 12

	V	F
1. Es un primer piso.	☐	☐
2. Ahora solo vive una persona en él.	☐	☐
3. Es un piso de 50 metros cuadrados.	☐	☐
4. Cada persona paga 400 euros al mes.	☐	☐

b **En parejas. No miréis el plano del compañero.**

Alumno A

1. Llamas por teléfono a ese piso. Vas a ir a verlo a las seis de la tarde y preguntas:
   - La dirección exacta.
   - Cómo se va (estás en la esquina de las calles de Montalbán y Alfonso XII).
2. Marca el camino en el plano. Luego, compruébalo con tu compañero.

Alumno B

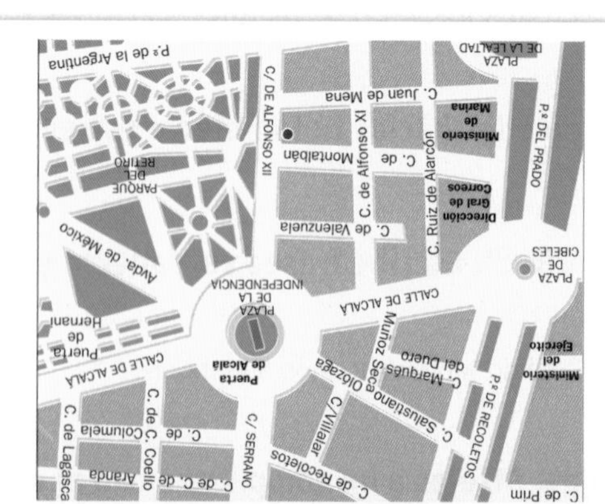

1. Vives en ese piso y A te llama por teléfono. Va a ir a verlo a las seis. Mira el plano y responde a sus preguntas sobre:
   - La dirección del piso.
   - Cómo se va desde la esquina de las calles de Montalbán y Alfonso XII.
2. Comprueba si tu compañero ha marcado bien el camino que le has dicho.

3 a **Repasa los tiempos verbales estudiados en las lecciones 11-15 y anota las formas con las que tengas más dificultades.**

b **Comprueba si las recuerda tu compañero y anota las más difíciles de las suyas.**

c **Escribe frases incompletas con algunas de las formas de a) y b). No te olvides de especificar el verbo y el sujeto. Luego, pásaselas a tu compañero para que las complete.**

El sábado, Cecilia fue a una fiesta y .... (divertirse, ella) muchísimo.

4 a **Imagina el último fin de semana de un compañero al que no conoces mucho. Anota las cosas que crees que hizo y valóralas.**

El domingo por la mañana fue al Parque de Atracciones con...

b **Díselo y comprueba cuántas cosas has adivinado.**

El sábado por la tarde estuviste en...

5 2|37 **¿Verdadero o falso? Escucha esta conversación entre dos antiguos compañeros de estudios y de piso, y marca la opción correcta.**

	V	F
1. En su época de estudiantes vivían peor que ahora.	☐	☐
2. Tenían muy poco tiempo libre.	☐	☐
3. Eran malos estudiantes y estudiaban poco.	☐	☐
4. Solían acostarse muy tarde.	☐	☐
5. En épocas de exámenes estudiaban mucho por la noche.	☐	☐
6. La casa en la que vivían tenía mucha luz y era muy alegre.	☐	☐
7. No era muy céntrica.	☐	☐

6 a **Piensa cómo era tu vida hace diez años y anota cosas que hacías entonces y no haces ahora.**

b **Coméntaselas a tu compañero y averigua si coincides con él en algo.**

7a **¿Recuerdas cuáles son los dos o tres últimos regalos que has hecho? Piensa cómo puedes describirlos.**

b **Descríbeselos a un compañero para que adivine qué regalos eran.**

Era cuadrado, de tamaño medio y de plástico. Servía para...

c **Dile a quién le regalaste cada cosa, cuándo y por qué.**

El... se lo regalé a...

8a **¿Qué recuerdas de los incas? Responde a las preguntas.**

1. ¿Hasta qué año aproximadamente existió el Imperio inca?
2. ¿A qué países actuales corresponde el territorio que ocupaba?
3. ¿Cuál era su capital?
4. ¿Cuál era el alimento básico de los incas?
5. ¿Qué recuerdas de sus casas?
6. Según los incas, ¿de quién era hijo el emperador?
7. ¿Quién era el propietario de la tierra que cultivaban los incas?
8. ¿Qué proporcionaba el Estado a los ciudadanos?

b **Compara tus respuestas con las de tu compañero. Si tenéis alguna duda, podéis consultar la lección 15.**

9a **Juego sobre España y América Latina. Piensa en informaciones sobre España o América Latina estudiadas durante el curso y toma nota de ellas. Puedes consultar el libro.**

Montevideo es la capital administrativa del Mercosur.

b **Compáralas con las de un compañero y preparad un cuestionario de ocho preguntas sobre esas informaciones.**

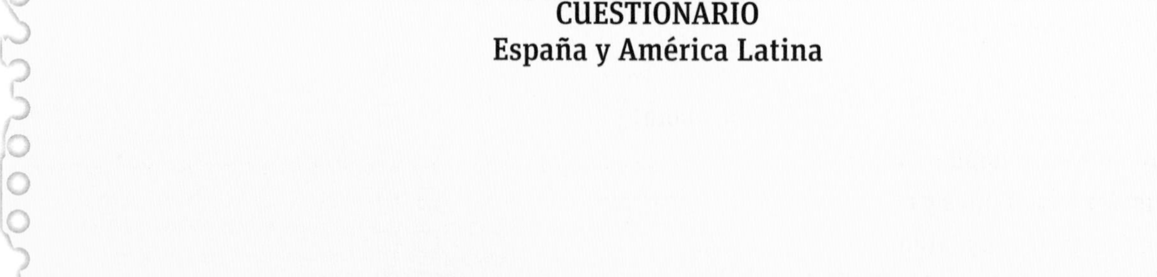

c **Jugad con otros dos compañeros. Hacedles vuestras preguntas y contestad a las suyas. ¿Quiénes dan más respuestas correctas?**

10 a **En grupos de tres. El mes que viene os vais a ir de vacaciones durante una semana a alguna parte, pero aún no sabéis a dónde. Discutidlo y decidid a dónde vais a ir.**

b **Haced una lista de toda la información que necesitáis para hacer el viaje.**

- Medios de transporte, horarios y precios
- Posibilidades de alojamiento y precios
- Clima
- Qué podéis visitar y hacer allí, etcétera.

c **Decidid qué información va a buscar cada uno de vosotros, dónde y cómo (en agencias de viaje, por internet, etc.).**

d **Buscad esa información donde y como habéis decidido en el apartado anterior.**

e **Comentad al resto del grupo la información obtenida y poneos de acuerdo en cómo vais a hacer el viaje y dónde os vais a alojar. ¡No olvidéis hacer una lista de la ropa y las cosas que tenéis que llevar!**

f **Hablad a los demás compañeros de vuestro viaje y vuestros planes para esa semana, pero no mencionéis el nombre del lugar al que vais a ir. Ellos tienen que adivinarlo.**

Resumen gramatical

1 Las letras

Letra	Nombre de la letra	Se pronuncia	Ejemplo
A, a	a	/a/	La Habana
B, b	be	/b/	Barcelona
C, c	ce	/θ/, /k/	cine, Carmen
Ch, ch	che	/tʃ/	Chile
D, d	de	/d/	adiós
E, e	e	/e/	España
F, f	efe	/f/	teléfono
G, g	ge	/g/, /x/	Málaga, Ángel
H, h	hache	–	hotel
I, i	i	/i/	Italia
J, j	jota	/x/	Japón
K, k	ka	/k/	kilómetro
L, l	ele	/l/	Lima
Ll, ll	elle	/l̬/	lluvia
M, m	eme	/m/	Madrid
N, n	ene	/n/	no
Ñ, ñ	eñe	/ɲ/	España
O, o	o	/o/	Toledo
P, p	pe	/p/	Perú
Q, q	cu	/k/	Quito
R, r	erre	/r̄/, /r/	guitarra, aeropuerto
S, s	ese	/s/	sí
T, t	te	/t/	teatro
U, u	u	/u/	Uruguay
V, v	uve	/b/	Venezuela
W, w	uve doble	/w/, /b/	whisky, water
X, x	equis	/ks/, /s/	taxi, extranjero
Y, y	i griega	/y/, /i/	yo, Paraguay
Z, z	zeta	/θ/	plaza

Observaciones:

- La letra *h* no se pronuncia en español (*hola*, *hospital*).
- Las letras *b* y *v* se pronuncian igual: /b/ (*Buenos Aires*, *Valencia*).
- El sonido /r̄/ se escribe con:
  - *rr* entre vocales (*perro*).
  - *r* al principio de palabra (*Roma*) o detrás de *l*, *n* y *s* (*alrededor*, *Enrique*).

  En los demás casos, la *r* se pronuncia /r/, por ejemplo, *pero*.
- La letra *x* se pronuncia /s/ delante de consonante (*exterior*).

- Las letras *c*, *z* y *q*:

Se escribe	Se pronuncia
za	/θa/
ce	/θe/
ci	/θi/
zo	/θo/
zu	/θu/

Se escribe	Se pronuncia
ca	/ka/
que	/ke/
qui	/ki/
co	/ko/
cu	/ku/

- Las letras *g* y *j*:

Se escribe	Se pronuncia
ga	/ga/
gue	/ge/
gui	/gi/
go	/go/
gu	/gu/
güe	/gue/
güi	/gui/

Se escribe	Se pronuncia
ja	/xa/
je, ge	/xe/
ji, gi	/xi/
jo	/xo/
ju	/xu/

2 Posesivos

Los posesivos concuerdan con el sustantivo en género y número.

- Tus hermanos no viven aquí, ¿verdad?
- Es una amiga mía.

2.1. Formas átonas

Masculino		Femenino	
Singular	Plural	Singular	Plural
mi	mis	mi	mis
tu	tus	tu	tus
su	sus	su	sus
nuestro	nuestros	nuestra	nuestras
vuestro	vuestros	vuestra	vuestras
su	sus	su	sus

Observaciones:

- Van delante del sustantivo.
    - ¿A qué se dedica **tu** padre?

2.2. Formas tónicas

Masculino		Femenino	
Singular	Plural	Singular	Plural
mío	míos	mía	mías
tuyo	tuyos	tuya	tuyas
suyo	suyos	suya	suyas
nuestro	nuestros	nuestra	nuestras
vuestro	vuestros	vuestra	vuestras
suyo	suyos	suya	suyas

Observaciones:

Pueden ir:

- Detrás del sustantivo.
  - Un **amigo mío.**
- Detrás del verbo.
  - Ese libro **es tuyo**, ¿no?
- Detrás del artículo, con valor contrastivo.
  - Mi novia es muy inteligente.
  - **La mía** también.

3 Verbos

En español hay tres grupos de verbos. El infinitivo puede terminar en *-ar*, *-er* o *-ir*.

3.1. Presente de indicativo

3.1.1. Verbos regulares

	-ar	-er	-ir
	HABLAR	COMER	VIVIR
(yo)	habl**o**	com**o**	viv**o**
(tú)	habl**as**	com**es**	viv**es**
(él/ella/usted*)	habl**a**	com**e**	viv**e**
(nosotros/nosotras)	habl**amos**	com**emos**	viv**imos**
(vosotros/vosotras)	habl**áis**	com**éis**	viv**ís**
(ellos/ellas/ustedes*)	habl**an**	com**en**	viv**en**

**Usted* y *ustedes* designan a segundas personas, pero se usan con las mismas formas verbales que *él/ella* y *ellos/ellas* (terceras personas).

3.1.2. Verbos irregulares

3.1.2.1. *Ser, estar* e *ir*

	SER	ESTAR	IR
(yo)	soy	estoy	voy
(tú)	eres	estás	vas
(él/ella/usted*)	es	está	va
(nosotros/nosotras)	somos	estamos	vamos
(vosotros/vosotras)	sois	estáis	vais
(ellos/ellas/ustedes*)	son	están	van

3.1.2.2. Irregularidades que afectan a las tres personas del singular y a la tercera del plural.

verbo jugar u → ue	e → ie	o → ue	e → i	u → uy (verbos en –uir)
JUGAR	QUERER	PODER	PEDIR	INCLUIR
juego	quiero	puedo	pido	incluyo
juegas	quieres	puedes	pides	incluyes
juega	quiere	puede	pide	incluye
jugamos	queremos	podemos	pedimos	incluimos
jugáis	queréis	podéis	pedís	incluís
juegan	quieren	pueden	piden	incluyen

	e → ie	o → ue	e → i	u → uy
	empezar	volver	decir	influir
	pensar	acostarse	repetir	construir
	preferir	doler	seguir	destruir
	recomendar	acordarse	servir	
	comenzar	recordar	elegir	

3.1.2.3. *c* → *zc* en la primera persona del singular (verbos en *-ecer*, *-ocer* y *-ucir*)

conocer → conozco conducir → conduzco traducir → traduzco

3.1.2.4. Verbos con la primera persona del singular irregular

hacer → hago
salir → salgo
poner → pongo
traer → traigo

saber → sé
ver → veo
dar → doy

3.1.2.5. Verbos con doble irregularidad

TENER	VENIR	DECIR	OÍR
tengo	vengo	digo	oigo
tienes	vienes	dices	oyes
tiene	viene	dice	oye
tenemos	venimos	decimos	oímos
tenéis	venís	decís	oís
tienen	vienen	dicen	oyen

Usos del presente:

- Para expresar lo que hacemos habitualmente.
  - Todos los días **me levanto** a las ocho.
- Para dar información sobre el presente.
  - **Está** casada y **tiene** dos hijos.
- Para ofrecer y pedir cosas.
  - ¿**Quieres** más ensalada?
  - ¿Me **das** una hoja, por favor?
- Para hacer sugerencias.
  - ¿Por qué no **vas** al médico?
- Para hacer invitaciones.
  - ¿**Quieres** venir a la playa con nosotros?
- Para hablar del futuro.
  - Mañana **actúa** Shakira en Barcelona.

3.2. Pretérito indefinido

3.2.1. Verbos regulares

HABLAR	COMER	SALIR
hablé	comí	salí
hablaste	comiste	saliste
habló	comió	salió
hablamos	comimos	salimos
hablasteis	comisteis	salisteis
hablaron	comieron	salieron

3.2.2. Verbos irregulares

3.2.2.1. Los verbos *ser* e *ir* tienen las mismas formas:

SER/IR
fui
fuiste
fue
fuimos
fuisteis
fueron

3.2.2.2. Verbos de uso frecuente con raíz y terminaciones irregulares:

Infinitivo	Raíz	Terminaciones
Tener	tuv-	-e -iste -o -imos -isteis -ieron
Estar	estuv-	
Poder	pud-	
Poner	pus-	
Saber	sup-	
Andar	anduv-	
Hacer	hic-/hiz-	
Querer	quis-	
Venir	vin-	

Infinitivo	Raíz	Terminaciones
Decir	dij-	-e -iste -o -imos -isteis -eron
Traer	traj-	

3.2.2.3. *o* → *u* en las terceras personas

DORMIR	MORIR
dormí	
dormiste	
durmió	murió
dormimos	
dormisteis	
durmieron	murieron

3.2.2.4. *e* → *i* en las terceras personas de los verbos en *e...ir* (excepto *decir*)

PEDIR
pedí
pediste
pidió
pedimos
pedisteis
pidieron

3.2.2.5. *y* en las terceras personas

LEER	OIR
leí	oí
leíste	oíste
leyó	oyó
leímos	oímos
leísteis	oísteis
leyeron	oyeron

Otros verbos de uso frecuente con esta irregularidad:
creer, *influir*, *construir*, *destruir*.

3.2.2.6. Verbo *dar*

DAR
di
diste
dio
dimos
disteis
dieron

Usos del pretérito indefinido:
Para hablar de acciones o hechos pasados sucedidos en períodos de tiempo terminados. Lo utilizamos con referencias temporales tales como ***ayer***, ***el otro día***, ***la semana pasada***, ***el mes pasado***, ***el año pasado***, etc.

- Ayer **comí** con Cristina.
- El año pasado **estuve** de vacaciones en Irlanda.

3.3. Pretérito perfecto

Se forma con el presente de indicativo del verbo haber y el participio del verbo que se conjuga.

he ***has*** ***ha*** ***hemos*** ***habéis*** ***han***	+ participio

Formación del participio:

INFINITIVO	PARTICIPIO
-AR	-ADO
-ER -IR	-IDO

(habl**ar** - habl**ado**)
(com**er** - com**ido**)
(ven**ir** - ven**ido**)

Algunos participios irregulares de uso frecuente:

ver → **visto** | abrir → **abierto** | volver→ **vuelto** | poner → **puesto** | morir → **muerto**
escribir → **escrito** | descubrir → **descubierto** | romper → **roto** | hacer → **hecho** | decir → **dicho**

Observaciones:

- La forma del participio es invariable.
  - Esta mañana he est**ado** con Luisa.
  - Esta mañana hemos est**ado** con Rosa y con Carlos.
- El participio va siempre inmediatamente detrás del verbo ***haber***.
  - Hoy me **he levantado** muy pronto.
  - Aún no **he cenado**.

Usos:

- Para hablar de acciones o hechos pasados sucedidos en períodos de tiempo no terminados o que el hablante siente próximos al presente.
  Lo usamos con referencias temporales tales como ***hoy***, ***esta mañana***, ***esta semana***, ***este mes***, ***hace un rato***, etcétera.
    - Hoy **he comido** con Ramón.
    - Este verano **ha hecho** mucho calor.
- Para hablar de experiencias o actividades pasadas sin especificar el momento de su realización.
    - Miguel **ha estado** muchas veces en París.
    - **No he estado nunca** en Latinoamérica / **Nunca he estado** en Latinoamérica.

    Pero no se dice ~~"He estado nunca en Latinoamérica"~~
- Para referirnos a acciones o hechos pasados que tienen consecuencias en el presente.
    - Perdona por llegar tarde, pero es que **he tardado** mucho en encontrar este sitio.

3.4. Pretérito imperfecto

3.4.1 Verbos regulares

TRABAJAR	COMER	VIVIR
trabaj**aba**	com**ía**	viv**ía**
trabaj**abas**	com**ías**	viv**ías**
trabaj**aba**	com**ía**	viv**ía**
trabaj**ábamos**	com**íamos**	viv**íamos**
trabaj**abais**	com**íais**	viv**íais**
trabaj**aban**	com**ían**	viv**ían**

3.4.2 Verbos irregulares

SER	IR	VER
era	iba	veía
eras	ibas	veías
era	iba	veía
éramos	íbamos	veíamos
erais	ibais	veíais
eran	iban	veían

Usos:

- Para describir personas, lugares y cosas en pasado.
    - Cuando **era** pequeño, **era** moreno y un poco gordo.
    - Mi habitación **era** bastante pequeña, pero muy bonita, y **tenía** balcón.
- Para hablar de acciones habituales en el pasado.
    - De pequeño **iba** mucho al campo con mis padres. En verano **solíamos** ir a la playa.
    - A los nueve años **iba** a clase de música dos veces por semana.

3.5. Imperativo afirmativo

-AR	-ER	-IR	
entra	lee	abre	(tú)
entre	lea	abra	(usted)
entra**d**	lee**d**	abri**d**	(vosotros)
entre**n**	lea**n**	abra**n**	(ustedes)

Observaciones:

- *Tú*: el imperativo afirmativo es igual a la tercera persona singular del presente de indicativo.
  - **Toma.**
  - **Sigue** todo recto...
  - ¿Puedo cerrar la ventana?
  - ▪ Sí. **Cierra, cierra.**

  Excepciones:
  - hacer → **haz**
  - poner → **pon**
  - venir → **ven**
  - tener → **ten**
  - salir → **sal**
  - decir → **di**
  - ir → **ve**
  - ser → **sé**

- Los verbos irregulares en la primera persona del singular del presente de indicativo tienen la misma irregularidad en el imperativo afirmativo de las personas ***usted*** y ***ustedes***.
  - Cierro → cierre, cierren
  - Pido → pida, pidan
  - Hago → haga, hagan

  Excepciones:
  - Ir → **vaya, vayan**
  - Ser → **sea, sean**
  - Estar → **esté, estén**
  - Dar → **dé, den**

- Vosotros: el imperativo afirmativo se construye sustituyendo la ***r*** final del infinitivo por una ***d***.
  - Estudiar → estudia**d**
  - Venir → veni**d**
  - Salir → sali**d**

  Pero en los verbos reflexivos, esa forma (***sentad***, por ejemplo) pierde la ***d***. A veces se usa el infinitivo.
  - ¿Podemos sentarnos?
  - ▪ Sí, sí. **Sentaos / sentaros.**

- Los pronombres van detrás del imperativo afirmativo, formando con este una sola palabra.
  - ¿Puedo abrir la puerta? Es que tengo mucho calor.
  - ▪ Sí, sí. **Ábrela.**

Usos:

- Para dar instrucciones.
  - Oiga, perdone, ¿el restaurante Villa está cerca de aquí?
  - ▪ Sí, muy cerca. **Siga** todo recto y **gire** la primera a la derecha...
- Para ofrecer cosas.
  - **Coge, coge** otro pastel, que están muy buenos.
- Para conceder permiso.
  - ¿Puedo bajar un poco el volumen de la tele?
  - ▪ Sí, sí. **Bájalo.**

3.6. Gerundio

3.6.1 Verbos regulares

-AR	-ER	-IR
-ando	-iendo	-iendo

(trabaj**ando**) (com**iendo**) (escrib**iendo**)

3.6.2 Verbos irregulares

Verbos en *e ... ir*: cambio vocálico *e* → *i*

Decir → diciendo | Pedir → pidiendo
Repetir → repitiendo | Vestir(se) → vistiendo (vistiéndose)

En la mayoría de los verbos terminados en **vocal** + ***er/ir* → *y***

Leer → leyendo. | Oír → oyendo.

Pero:

Reír → riendo

o → *u*

Dormir → durmiendo. | Morir → muriendo.

4 Pronombres personales

4.1. Sujeto

	1.ª PERSONA	2.ª PERSONA	3.ª PERSONA
Singular	yo	tú usted	él ella
Plural	nosotros nosotras	vosotros vosotras ustedes	ellos ellas

4.2. Objeto directo

	1.ª PERSONA	2.ª PERSONA	3.ª PERSONA
Singular	me	te lo/le/la	lo/le/la
Plural	nos	os los/les/las	los/les/las

4.3. Objeto indirecto

	1.ª PERSONA	2.ª PERSONA	3.ª PERSONA
Singular	me	te le	le
Plural	nos	os les	les

4.4. Reflexivos

	1.ª PERSONA	2.ª PERSONA	3.ª PERSONA
Singular	me	te se	se
Plural	nos	os se	se

4.5. Preposición + pronombre personal

	1.ª PERSONA	2.ª PERSONA	3.ª PERSONA
Singular	mí	ti usted	él ella
Plural	nosotros nosotras	vosotros vosotras ustedes	ellos ellas

Observaciones:

- Normalmente no usamos el pronombre personal sujeto porque las terminaciones del verbo indican qué persona realiza la acción.
  - ¿Cómo te llam**as**? (**tú**).
- Lo utilizamos para dar énfasis al sujeto o para marcar una oposición.
  - **Yo** trabajo en un banco.
  - ▪ Pues **yo** soy estudiante.
- *Yo* y *tú* no pueden combinarse con preposiciones; en ese caso, se sustituyen por las formas correspondientes: *mí* y *ti*.
  - ¿Esto es para **mí**?
  - ▪ Sí, sí. Para **ti**.
- Cuando van precedidas de la preposición *con*, usamos unas formas diferentes: *conmigo* y *contigo*.
  - ¿Quieres venir al cine **conmigo**?
- Los pronombres personales de objeto directo, indirecto y reflexivos van delante del verbo conjugado.
  - ¿Cómo **la** quiere: ancha o estrecha?
  - ¿**Te** gusta?
  - ¿**Os** acostáis muy tarde?
- Pero cuando los combinamos con el imperativo afirmativo, van siempre detrás, formando una sola palabra con el verbo.
  - ¿Me puedo sentar?
  - ▪ Sí, sí. Siénte**se**.
- Con infinitivo y gerundio pueden ir detrás de estas formas verbales, formando una sola palabra, o delante del verbo conjugado.
  - Voy a duchar**me** = **Me** voy a duchar.
  - Está duchándo**se** = **Se** está duchando.

4.6. Combinación de pronombres de objeto indirecto y de objeto directo

Cuando combinamos estos pronombres, el de OI va siempre primero.

- Esta agenda **me la** regaló un amigo el año pasado.

  OI OD

Y sustituimos *le* y *les* por *se*:

OI	OD
Me Te ~~(Le)~~ Se Nos Os ~~(Les)~~ Se	lo la los las

- ¿A quién le regalas juegos de ordenador?
- ▪ (**Se los** regalo) A mi hijo.

5 Interrogativos

5.1. ¿Quién?, ¿Quiénes?

¿Quién/quiénes + verbo?

Para preguntar por la identidad de personas en general.

- ¿**Quién** es?
- ▪ Laura, mi profesora de español.

- ¿**Quiénes** son esos niños?
- ▪ Mis primos de Valencia.

5.2. ¿Qué?

5.2.1 *¿Qué* + verbo?

5.2.1.1 Para preguntar por la identidad de cosas en general.

- ¿**Qué** es eso?

5.2.1.2 Para preguntar por acciones.

- ¿**Qué** vas a hacer esta noche?
- ▪ Voy a ir al teatro con Ernesto.

5.2.2 *¿Qué* + sustantivo + verbo?

Para preguntar por la identidad de personas o cosas de una misma clase.

- ¿**Qué** lenguas hablas?
- ▪ Inglés e italiano.

- ¿**Qué** actores españoles te gustan?
- ▪ Javier Bardem y Antonio Banderas.

5.3. ¿Cuál?, ¿Cuáles?

¿Cuál/cuáles + verbo?

Para preguntar por la identidad de personas o cosas de una misma clase.

- ¿**Cuál** es la moneda de tu país?
- ▪ El euro.

- ¿**Cuál** te gusta más? (de esos dos cantantes).
- ▪ Fernando Usuriaga.

5.4. ¿Dónde?

¿Dónde + verbo?

Para preguntar por la localización en el espacio.

- ¿**Dónde** vives?
- ▪ En Málaga.

5.5. ¿Cuándo?

¿Cuándo + verbo?

Para preguntar por la localización en el tiempo.

- ¿**Cuándo** te vas de vacaciones?
- ▪ El sábado.

5.6. ¿Cuánto?, ¿Cuánta?, ¿Cuántos?, ¿Cuántas?

Para preguntar por la cantidad.

5.6.1 *¿Cuánto* + verbo?

- ¿**Cuánto** cuesta esta agenda?
- ▪ Diez euros.

5.6.2 *¿Cuánto / cuánta / cuántos / cuántas* (+ sustantivo) + verbo?

- ¿**Cuántas** hermanas tienes?
- ▪ Dos.

5.7. ¿Cómo?

¿Cómo + verbo?

5.7.1 Para preguntar por las características de personas o cosas.

- ¿**Cómo** es tu profesor?
- ▪ Alto, rubio, bastante gordo... y muy simpático.

5.7.2 Para preguntar por el modo.

- ¿**Cómo** vienes a clase?
- ▪ En bicicleta.

5.8. ¿Por qué?

¿Por qué + verbo?

Para preguntar por la causa o la finalidad.

- ¿**Por qué** estudias español?

Observaciones:

- Los interrogativos pueden ir precedidos de determinadas preposiciones.
  - ¿**De** dónde es?
  - ¿**A** qué te dedicas?
  - ¿**Con** quién vives?
- *¿Por qué?–porque*
  - ¿**Por qué** estudias ruso? (PREGUNTA).
  - ▪ **Porque** quiero ir de vacaciones a Moscú (RESPUESTA).

6 *Ser-estar*

6.1. Ser

- Identidad.
  - **Eres la hermana de Gloria**, ¿verdad?
- Origen, nacionalidad.
  - Alejandro Amenábar **es español.**
- Profesión.
  - **Soy ingeniero.**
- Descripción de personas, objetos y lugares.
  - **Es alta, morena** y lleva gafas.
  - Tu coche **es negro**, ¿no?
  - **Es** una ciudad **pequeña y muy tranquila.**
- Descripción o valoración del carácter de una persona.
  - Mi hermano pequeño **es muy gracioso.**
- La hora.
  - ¡Ya **son las dos!**
- Material.
  - Esa camisa **es de algodón**, ¿verdad?
- Localización en el tiempo.
  - Mi cumpleaños **es el 7 de mayo.**
- Posesión.
  - ¿**Es tuyo** este periódico?
  - ▪ No, **es de Ricardo.**
- Valoración de objetos, actividades y períodos de tiempo.
  - Este diccionario **es muy bueno.**
  - El viaje **fue muy agradable.**
  - Hoy **ha sido** un día **horrible.**

6.2. Estar

- Localización en el espacio.
  - • El quiosco **está enfrente del bar.**
- Estados físicos o anímicos de personas.
  - • **¿Estás cansada?**
  - ■ Sí, **estoy cansadísima.**
  - • **Estás muy contento**, ¿no?
- Circunstancias o estados de objetos y lugares.
  - • ¿Funciona esta radio?
  - ■ No, **está rota.**
  - • ¿Ya **está abierta** la farmacia?
- Valoración de alimentos consumidos.
  - • **¡Qué bueno está** este filete!
- Descripción de situaciones (***estar*** + gerundio).
  - • ¿Qué hace la niña?
  - ■ **Está jugando** en el patio.

7 *También, tampoco, sí, no*

- ***También, tampoco***: para expresar coincidencia con lo que ha dicho otra persona.
- ***También*** responde a frases afirmativas; ***tampoco***, a frases negativas.

• Yo vivo con mis padres. ■ Yo **también.**	• No tengo coche. ■ Yo **tampoco.**
• Me gusta mucho este disco. ■ A mí **también.**	• No me gustan las discotecas. ■ A mí **tampoco.**

- ***Sí, no***: para expresar no coincidencia con lo que ha dicho otra persona.
  Sí responde a frases negativas; ***no***, a frases afirmativas.

• No tengo coche. ■ Yo **sí.**	• Yo vivo con mis padres. ■ Yo **no.**
• No me gustan las discotecas. ■ A mí **sí.**	• Me gusta mucho este disco. ■ A mí **no.**

Observaciones:

En las respuestas de este tipo de diálogos usamos siempre pronombres personales (*yo, tú, él*, etcétera); a veces van precedidos de preposición (*a mí, a ti, a él*, etcétera).

• Estudio Sociología.
■ **Yo** también.

• No me gusta nada este libro.
■ **A mí** tampoco.

8 Expresión de la frecuencia

8.1. Para expresar frecuencia podemos utilizar:

+	siempre casi siempre normalmente/generalmente a menudo a veces casi nunca (no... casi nunca)
-	nunca (no... nunca)

- ¿Cómo vienes a clase?
- En autobús.
- Pues yo vengo **siempre** en metro / **siempre** vengo en metro / vengo en metro **siempre**.

- ¿Cómo vienes a clase?
- En autobús.
- ¡Ah! Pues yo **no** vengo **nunca** en autobús / **nunca** vengo en autobús.

8.2. También podemos usar estas expresiones de frecuencia:

todos los	días/lunes/martes... meses años
todas las	semanas

=

cada	día/lunes/martes... mes año semana

una vez dos veces tres veces...	al	día mes año
	a la por	semana

(una vez)	cada	dos/tres...	días semanas meses años

- Tú vas al cine **a menudo**, ¿verdad?
- Sí, **dos o tres veces a la semana.**
- Voy al gimnasio **una vez a la semana.**

9 Cuantificadores: *demasiado*, *muy*, *mucho*, *bastante*, *poco*

demasiado *muy* *bastante* *poco*	+	adjetivo adverbio

- Es **demasiado** joven
- ¿Estás **muy** cansado?
- Tus padres son **bastante** jóvenes, ¿no?
- Es **muy poco** inteligente.

- Vas **demasiado** rápido.
- ¿Está **muy** lejos?
- Está **bastante** mal situada.
- Vivo un **poco** lejos de aquí.

demasiado/-a/-os/-as *mucho/-a/-os/-as* *bastante(s)* *poco/-a/-os/-as*	+ sustantivo

- Hay **demasiada** gente.
- Yo trabajo **muchos** fines de semana.
- Esta tarde he hecho **bastantes** cosas.
- Hoy hay **pocos** alumnos en clase.

verbo	+	*demasiado* *mucho* *bastante* *poco*

- Bebes **demasiado**.
- ¿Estudias **mucho**?
- Habla **bastante**.
- Últimamente salgo **poco**.

10 *Muy-mucho*

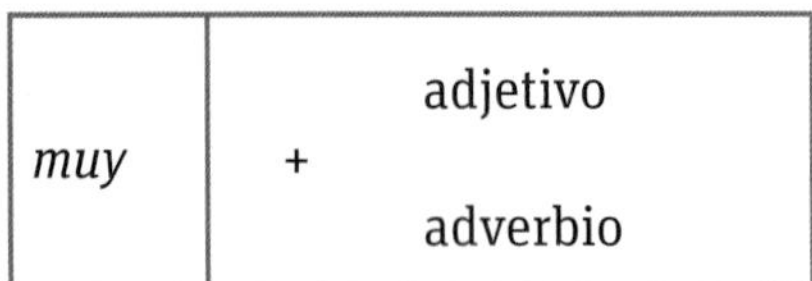

muy	+	adjetivo adverbio

- Mi habitación es **muy** pequeña.

- ¿Qué tal estás?
- ■ **Muy** bien. ¿Y tú?

verbo + *mucho*

- Yo trabajo **mucho**.

mucho/-a/-os/-as + sustantivo

- En esta calle hay **muchos** bares.
- Hoy tengo **mucho** sueño.

Observaciones:

- *Muy* no modifica nunca a sustantivos.
    - Tengo ~~muy~~ amigos aquí. (Tengo **muchos** amigos aquí).
- Tampoco funciona como adverbio independiente.
    - Me duele ~~muy~~. (Me duele **mucho**).
- *Mucho* no modifica nunca a adjetivos ni a adverbios.
    - Es ~~mucho~~ alto. (Es **muy** alto).
    - Habla ~~mucho~~ bien. (Habla **muy** bien).

11 Frases exclamativas

- ¡*Qué* + adjetivo (+ verbo)!
    - ¡**Qué** guapo!
    - ¡**Qué** grande es!
- ¡*Qué* + sustantivo (+ verbo)!
    - ¡**Qué** calor!
    - ¡**Qué** sed tengo!
- ¡*Qué* + adverbio (+ verbo)!
    - ¡**Qué** bien!
    - ¡**Qué** mal!
    - ¡**Qué** mal escribe!
    - ¡**Qué** pronto es!

Usos: Las exclamaciones sirven para valorar positiva o negativamente algo o a alguien, expresar sorpresa, admiración, desagrado o contrariedad.

12 *Algo, nada; alguien, nadie*

	Cosas	Personas
Identidad indeterminada	**algo**	**alguien**
Inexistencia	**nada**	**nadie**

- ¿Quiere **algo** más?
- Esta semana **no** hay **nada** interesante en la cartelera.

- ¿Hay **alguien** en clase?
- No, **no** hay **nadie**.

13 Comparaciones con adjetivos

Superioridad	***más*** + adjetivo + ***que***
Igualdad	***tan*** + adjetivo + ***como***
Inferioridad	***menos*** + adjetivo + ***que***

- Mi abuela es **más** graciosa **que** mi abuelo.
- Este restaurante es **tan** caro **como** el otro.
- El español **no** es **tan** difícil **como** el alemán.

Comparativos irregulares:

bueno → **mejor**
malo → **peor**
grande (edad) → **mayor**
pequeño (edad) → **menor**
grande (tamaño) → **mayor/más grande**
pequeño (tamaño) → **menor/más pequeño**

- Este disco es **mejor que** ese.

Observaciones:

Muchas veces no se menciona el segundo término de la comparación porque está claro en el contexto.

- ¿Cuánto cuesta esta camisa?
- ■ Treinta euros.
- ¿Y la azul?
- ■ Setenta y dos. Es **más** cara, pero es **mejor**, es de seda.

14 *Estar* + gerundio

Cuando usamos ***estar*** con el gerundio de otro verbo, nos referimos a una acción que se realiza en el momento en el que estamos hablando o del que estamos hablando.

- ¿Y Julia?
- ■ **Está trabajando**.

15 *Ir a* + infinitivo

Para expresar planes e intenciones.

- Esta noche **voy a hacer** los deberes.
- Este año **voy a hablar** mucho en clase.
- En enero **voy a empezar** a estudiar árabe.

Para hablar del futuro.

- Raúl dice que mañana **va a nevar**.

16 Obligación y necesidad

16.1. Para expresar obligación o necesidad de manera personal.

- *Tener que* + infinitivo
  - **Tengo que terminar** esta carta antes de la una.
  - ¿Nos vemos esta tarde?
  - ■ Esta tarde no puedo. Es que **tengo que estudiar**.
- *Necesitar* + infinitivo
  - Para poder hablar más **necesito aprender** más vocabulario.

16.2. Para expresar obligación o necesidad de manera impersonal.

Hay que + infinitivo

- Para entrar en la Universidad, **hay que aprobar** el examen de ingreso.
- Para aprobar ese examen, **hay que estudiar** mucho.

17 *Ya–aún / todavía no*

Utilizamos *ya* para indicar que una acción prevista o previsible se ha realizado antes del momento en el que nos referimos a ella.

- **Ya** he visitado la Sagrada Familia y me ha gustado mucho.

Y para indicar que esa acción no se ha realizado antes del momento en el que nos referimos a ella, usamos *aún no* o *todavía no*.

- **Aún no** he visitado la Sagrada Familia.
- **Todavía no** ha empezado la clase.

18 Valoración de actividades y hechos pasados

Para valorar actividades y hechos pasados, podemos usar las siguientes construcciones:

- *Ser* + *bueno/malo*
  - ● ¿Qué tal la conferencia de esta mañana?
  - ■ Ha **sido buenísima**, me ha gustado mucho.
  - ● El concierto de ayer **fue** muy **bueno**.
- *Estar* + *bien/mal*
  - ● ¿Qué tal la fiesta del viernes?
  - ■ **Estuvo** muy **bien**. Había mucha gente y me lo pasé muy bien.
- *Parecer* + adjetivo
  - ● ¿Has visto la exposición del Palacio de Cristal?
  - ■ Sí, fui ayer con Paloma.
  - ● ¿Y qué te **pareció**?
  - ■ Bastante **original.**
  - ● Pues yo la vi el domingo y me **pareció horrible**.

19 El superlativo absoluto

19.1. El superlativo absoluto significa lo mismo que *muy* + adjetivo y se forma de dos maneras:

- Sustituyendo la vocal de adjetivo por *-ísimo/-a/-os/-as*.

  Interesante → interesant**ísimo**
  Divertido → divertid**ísimo**
  Aburrido → aburrid**ísimo**
  Bueno → buen**ísimo**
  Malo → mal**ísimo**

  - ● ¿Qué tal el concierto de anoche?
  - ■ Horrible. Fue un concierto **malísimo.**

- Si el adjetivo termina en consonante, se añade *-ísimo/-a/-os/-as*.

  Fácil → facil**ísimo**
  Difícil → dificil**ísimo**

  - ● ¿Qué tal el examen de italiano?
  - ■ Muy bien. Ha sido un examen **facilísimo**.

19.2. Algunos adjetivos tienen significado superlativo y no podemos añadirles las terminaciones *-ísimo/-a/-os/-as*.

Horrible
Horroroso
Estupendo
Precioso

- ● La conferencia de ayer fue **horrible.**
- ● La verdad es que tienes una casa **preciosa**.

20 Descripción de objetos

- Para referirse al tamaño, a la forma, al color...: *ser* + adjetivo
  - **Es** bastante **pequeña, estrecha, larga, gris** y **roja.**
- Expresar finalidad: *ser para* + infinitivo
  - **Es para** cortar.
- Expresar de qué está hecho un objeto: *ser de* + sustantivo
  - **Es de** plástico y metal.
- Posesión

  Ser de + nombre de persona
  - **Es de Rosa.**

  Ser + posesivo (forma tónica)
  - ¿**Es** tuyo?
  - ▪ Sí, **es** mío.
  - ¿**Son** vuestras esas cosas?
  - ▪ Sí, **son** nuestras.

21 Deseos

Para expresar deseos, podemos emplear estas construcciones:

- *Querer* + infinitivo
  - Estudio mucha gramática porque **quiero hablar** bien, sin cometer muchos errores.
- *Me / te / le / nos / os / les gustaría* + infinitivo
  - (A mí) **Me gustaría hacer** un intercambio lingüístico con una persona española.

22 Certeza y evidencia

Para expresar certeza y evidencia, podemos usar:

- *Estar seguro/-a de que...*
  - **Estoy seguro de que** este año voy a aprender mucho.
  - ¿Crees que vas a aprobar?
  - ▪ **Estoy segura de que** sí. ¿Y tú?
  - **Yo estoy seguro de que** no. Hice muy mal el examen.
- *Saber que...*
  - **Sé que** puedo hablar más y mejor.

23 Posibilidad

Para expresar posibilidad, podemos emplear el adverbio quizá(s), o las expresiones ***es probable***, ***es posible*** o ***puede ser***, entre otras. Las utilizamos frecuentemente cuando nos preguntan por nuestros planes e intenciones.

- ¿Vas a ir a la fiesta del sábado?
- ▪ (Sí,) **Es posible.** ¿Y tú?
- **Quizás**, pero depende de varias cosas.

24 El acento

En español existen tres tipos de palabras según la posición de la sílaba fuerte: agudas, llanas y esdrújulas.

- Agudas

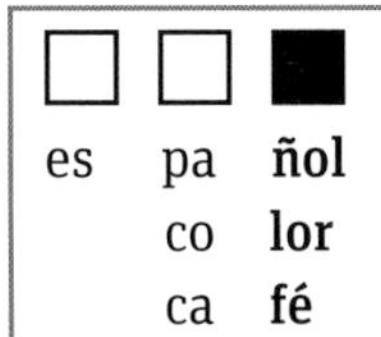

Todas las palabras agudas que terminan en vocal, *n* o *s* llevan acento gráfico (´).

- So**fá**, panta**lón**, ha**blé**, japo**nés**.

- Llanas

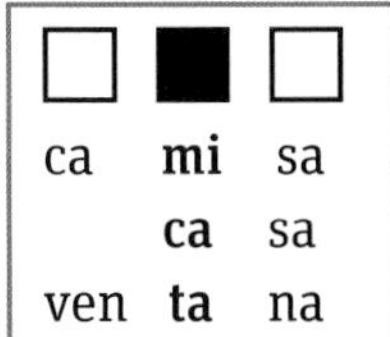

Ponemos acento gráfico en todas las palabras llanas que terminan en consonante, excepto *n* o *s*.

- Di**fí**cil, **ár**bol, **lá**piz.

- Esdrújulas

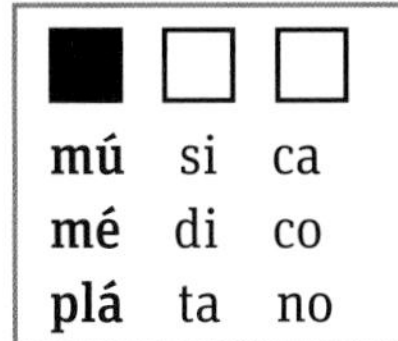

Todas las palabras esdrújulas llevan acento gráfico.

- A**mé**rica, **rá**pido, te**lé**fono.

Observaciones:

- Todas las formas interrogativas y exclamativas llevan acento gráfico: *qué, quién, cómo, cuánto...*
  - ¡**Qué** calor hace!
  - ¿**Cuánto** cuesta esta camisa?
- Las palabras de una sola sílaba no llevan acento gráfico; sin embargo, lo utilizamos para diferenciar palabras que tienen la misma forma y distinto significado.
  - ¿Cuál es **tu** bolígrafo?
  - **Tú** hablas francés, ¿verdad?
  - ¿**El** cine Rex, por favor?
  - ¿Vas a ir con **él**?
  - ¿Tienes **mi** dirección?
  - ¿Es para **mí**?
  - ¿**Te** gusta el **té**?
  - No **sé** como **se** llama tu amigo.

Vocabulario

Lección 1: Un nuevo curso

	Alemán	Francés	Inglés	Portugués
buscar	suchen	chercher	to look for	procurar
canción	Lied	chanson	song	música
claro	natürlich	bien sûr	of course	claro
comprender	verstehen	comprendre	to understand	compreender
comprensión	Verständnis	compréhension	understanding	compreensão
conmigo, ~ mismo	mit mir, ~ selber	avec moi, ~-même	with me, with myself	comigo, ~ mesmo
correctamente	richtig	correctement	correctly	corretamente
cuenta: por mi ~	auf eigene Faust	tout(e) seul(e)	on my own	conta: por minha ~
curso	Kurs	cours	course	curso
deportivo	Sport-	sportif	sports	esportivo
diálogo	Dialog	dialogue	dialogue	diálogo
ejercicio, hacer ~	Sport, ~ treiben	exercice, faire de l' ~	exercise, to ~	exercício, fazer ~
el mes que viene	nächster Monat	le mois prochain	next month	no mês que vem
elegir	aussuchen	choisir	to choose	escolher
error	Fehler	erreur	mistake	erro
excursión	Ausflug	excursion	trip	excursão
expresar	ausdrücken	exprimer	to express	expressar
fluidez	Flüssigkeit	facilité	fluency	fluência
frecuencia: con ~	Häufigkeit: häufig	fréquence : fréquemment	frequency: frequently	freqüência: com ~
hay que (haber)	man muss (müssen)	il faut	you have to	é necessário
hispanohablante	spanischsprechend	hispanophone	Spanish speaker	hispanoparlante
hoy	heute	aujourd'hui	today	hoje
idea	Idee	idée	idea	ideia
imaginario	ausgedacht	imaginaire	imaginary	imaginário
intercambio lingüístico	Sprachaustausch	échange linguistique	language exchange	intercâmbio linguístico
interesar	interessieren	intéresser	to interest	interessar
invitar	einladen	inviter	to invite	convidar
ir a	werden (*Futur*)	aller	to go to	ir a
mañana: pasado ~	morgen: über~	demain : après-~	tomorrow: the day after ~	amanhã: depois de ~

mejorar	verbessern	améliorer	to improve	melhorar
Navidades	Weihnachten	Noël	Christmas	Natal
necesitar	müssen	avoir besoin	to need	necessitar
olvidar	vergessen	oublier	to forget	esquecer
otro	andere	autre	another	outro
Pascua (Semana Santa)	Ostern	Pâques (Semaine Sainte)	Easter (Holy Week)	Páscoa (Semana Santa)
persona	Person	personne	person	pessoa
por eso	deshalb	pour cela	that's why, so	por isso
posible	möglich	possible	possible	possível
probable	wahrscheinlich	probable	probable	provável
problema: un ~	Problem: ein ~	problème : un ~	problem: a ~	problema: um ~
pronunciación	Aussprache	prononciation	pronunciation	pronúncia
puede ser	vielleicht	c'est possible	maybe	pode ser
quizá(s)	vielleicht	peut-être	perhaps	talvez
rápido	schnell	rapide	fast	rápido
recibir	empfangen	recevoir	to receive	receber
red	Netz	internet	Net	rede
repasar	durchsehen	réviser	to review	revisar
seguro, estar ~ de	sicher, (einer Sache) ~ sein	sûr, être ~ de	sure, to be ~	seguro, ter certeza
si	wenn	si	if	sim
tener que	müssen	devoir	to have to	ter que
todavía	noch (immer)	encore	yet	ainda
tomar	nehmen	prendre	to take	pegar
trimestre	Vierteljahr	trimestre	term	trimestre
velocidad	Geschwindigkeit	vitesse	speed	velocidade
visitar	besuchen	visiter	to visit	visitar
vocabulario	Wortschatz	vocabulaire	vocabulary	vocabulário

Lección 2: ¿Qué te pasa?

	Alemán	Francés	Inglés	Portugués
alergia	Allergie	allergie	allergy	alergia
aspirina	Aspirin	aspirine	aspirin	aspirina
brazo	Arm	bras	arm	braço
cabeza	Kopf	tête	head	cabeça
caliente	warm	chaud	hot	quente
calmante	Schmerzmittel	calmant	painkiller	calmante
cansado	erschöpft	fatigué	tired	cansado
chica	Mädchen	fille	girl	garota
chico	Junge	garçon	boy	garoto
contento	glücklich	content	happy	contente
coñac	Cognac	cognac	brandy	conhaque
dolor	Schmerz	douleur	pain	dor
duele (doler)	es tut weh (wehtun)	fait mal (faire mal)	it hurts (to hurt)	dói (doer)
duelen (doler)	sie tun weh (wehtun)	font mal (faire mal)	they hurt (to hurt)	doem (doer)
encuentras (encontrarse): ¿No te encuentras bien?	Fühlst du dich unwohl?	te sens (se sentir) : Tu ne te sens pas bien ?	you feel (to feel): Don't you feel well?	sente (sentir-se): Você não está se sentindo bem?
enfadado	böse	en colère	angry	chateado
enfermo	krank	malade	ill	doente
es que	also (*Modalpartikel*)	en fait	it's just that	é que
espalda	Rücken	dos	back	costas
estómago	Magen	estomac	stomach	estômago
fiebre	Fieber	fièvre	a temperature	febre
garganta	Hals	gorge	throat	garganta
gripe	Grippe	grippe	flu	gripe
hambre	Hunger	faim	hunger	fome
manzanilla	Kamillentee	camomille	camomile tea	camomila
masaje: dar un ~	Massage: eine ~ geben	massage : faire un ~	massage: to give a ~	massagem, dar uma ~
me siento (sentirse)	ich fühle mich (sich fühlen)	me sens (se sentir)	I feel (to feel)	estou me sentindo (sentir-se)
miedo	Angst	peur	fear	medo
muela	Backenzahn	dent	molar	dente
nervioso	nervös	nerveux	nervous	nervoso
oído	Ohr	oreille	ear	ouvido
pasar: ¿Qué te/le pasa?	Was ist mit dir/ihnen los?	arriver : Que t'arrive-t-il ? Que lui arrive-t-il ?	What's the matter?	O que você tem?
pastilla	Pastille	cachet	pill	comprimido
pierna	Bein	jambe	leg	perna
preocupado	besorgt	inquiet	worried	preocupado
pues	also	et bien...	well	então

resfriado	erkältet	enrhumé	suffering from a cold	resfriado
sed	Durst	soif	thirst	sede
sientes (sentirse): ¿Cómo te sientes?	du fühlst dich (sich fühlen): Wie fühlst du dich?	tu te sens (se sentir) : Comment te sens-tu ?	you feel (to feel): How do you feel?	sente (sentir-se): Como está se sentindo?
sigo (seguir): Si sigo así...	wenn es mit mir so weiter geht (weiter gehen)	je continue (continuer) : Si ça continue comme ça...	If I don't feel better son...	continuo (continuar): Se eu continuar assim...
sueño	Müdigkeit	sommeil	sleepy	sono
tos	Husten	toux	cough	tosse
triste	traurig	triste	sad	triste
vale	in Ordnung	d'accord	OK	está bem
vaso	Glas	verre	glass	copo

Lección 3: Comidas

	Alemán	Francés	Inglés	Portugués
aceite, ~ de oliva	Öl, Oliven~	huile, ~ d'olive	oil, olive ~	óleo, azeite de oliva
agua mineral, ~ con gas	Mineral-, Sprudelwasser	eau minérale, eau gazeuze	mineral water, sparkling ~	água mineral, ~ com gás
arroz	Reis	riz	rice	arroz
atún	Thunfisch	thon	tuna fish	atum
azúcar	Zucker	sucre	sugar	açúcar
barra	Baguette	baguette	loaf	baguete
beber	trinken	boire	to drink	beber
botella	Flasche	bouteille	bottle	garrafa
café con hielo	Kaffee mit Eiswürfeln	café glacé	iced coffee	café com gelo
calamares, ~ a la romana	Tintenfisch, frittierte ~ringe	calamars, ~ à la romaine	squid, ~ fried in batter	lula, ~ à romana
cartón	Karton	carton	carton	papelão
cava	Sekt	champagne	sparkling wine	vinho tipo champanhe
cebolla	Zwiebel	oignon	onion	cebola
chorizo	spanische Paprikawurst	chorizo	Spanish pork sausage	chouriço (embutido de porco)
chuletas, ~ de cordero	Koteletts, Lamm~	côtelettes, ~ d'agneau	chops, lamb ~	bisteca, ~ de cordeiro
cuchillo	Messer	couteau	knife	faca
cuenta	Rechnung	note, addition	bill	conta
docena	Dutzend	douzaine	dozen	dúzia
ensalada, ~ mixta	Salat, gemischter ~	salade, ~ composée	salad, mixed ~	salada, ~ mista
estar a: ¿A cómo están las naranjas?	kosten: Wieviel kosten die Orangen?	coûter : Combien coûtent les oranges ?	to cost: How much do oranges cost?	custar: Quanto custam as laranjas?
filete, ~ de ternera	Filet, Kalbs~	escalope, ~ de boeuf	fillet, beef ~ steak	bife, ~ de vaca
fresa	Erdbeere	fraise	strawberry	morango
fruta	Obst	fruit	fruit	fruta
galleta	Keks	biscuit	biscuit	bolacha
gamba	Garnele	crevette	prawn	camarão
gazpacho	kalte Tomatensuppe	gazpacho (soupe froide à la tomate)	cold Spanish vegetable tomato soup	sopa gelada de tomate
gramo	Gramm	gramme	gram	grama
hamburguesa	Hamburger	hamburger	hamburger	hambúrguer
hecho: muy ~	gut durchgebraten	cuit : bien ~	done: well ~	passado: bem ~
helado	Eis	glace	ice cream	sorvete
huevo	Ei	oeuf	egg	ovo

IVA, ~ incluido	Mehrwertsteuer, inklusive ~	TVA, ~ comprise	VAT, ~ included	Imposto de Valor Agregado, ~ incluso
jamón	Schinken	jambon	ham	presunto curado
judías, ~ blancas	Bohnen, weiße ~	haricots, ~ blancs	beans, white ~	feijões, ~ brancos
kilo	Kilo	kilo	kilogram	quilo
lata	Dose	boîte, canette	can, tin	lata
leche	Milch	lait	milk	leite
lechuga	Kopfsalat	salade	lettuce	alface
litro	Liter	litre	litre	litro
mantequilla	Butter	beurre	butter	margarina
manzana	Apfel	pomme	apple	maçã
marca	Marke	marque	brand	marca
más: ¿Algo ~? Nada ~. ¿Qué ~?	noch, mehr: Noch etwas? Nichts mehr. Noch etwas?	plus : Autre chose ? Rien d'autre. Quoi d'autre ?	else: Anything ~? Nothing ~. What ~?	mais: ~ alguma coisa? ~ nada. Alguma coisa ~?
mate	Mate *(traditionelles Tee aus Lateinamerika)*	maté (infusion traditionnelle d'Amérique Latine)	traditional South American infused drink	mate (chá tradicional da América Latina)
mayonesa	Mayonnaise	mayonnaise	mayonnaise	maionese
mejor	besser	meilleur	better	melhor
menú	Menü	menu	menu	cardápio
merluza	Seehecht	colin	hake	merluza
naranja	Orange	orange	orange	laranja
oiga (oír)	hören Sie! (hören)	Écoutez ! (écouter)	excuse me	por favor
paella	Paella (spanisches Reisgericht)	paella	Valencian rice dish	paella (prato espanhol a base de arroz)
pan	Brot	pain	bread	pão
paquete	Packung	paquet	packet	pacote
patata, ~s fritas	Kartoffel, Pommes frites	pommes de terre, ~ frites	potato, chips	batata, ~s fritas
perdone (perdonar)	Entschuldigen Sie! (entschuldigen)	excusez-moi (excuser)	excuse me (to excuse)	desculpe (desculpar)
plátano	Banane	banane	banana	banana
pollo, ~ en salsa	Hähnchen, ~ mit Sauce	poulet, ~ en sauce	chicken, ~ with sauce	frango, ~ ensopado
póngame (poner)	ich hätte gern	mettez-moi	I'll have	queria
pongo (poner): ¿Qué le pongo?	Was wünschen Sie?	je mets (mettre) : Qu'est-ce-que je vous mets ?	What can I get you?	O que vai ser?
postre, de ~	Nachtisch, als ~	dessert, comme ~	dessert, for ~	sobremesa, de ~
primero, de ~	erste, als ~n Gang	entrée, en ~	first course, for the ~	entrada, de ~
quedar	übrigbleiben	rester	to have left	não ter mais
queso	Käse	fromage	cheese	queijo
ron	Rum	rhum	rum	rum
sal	Salz	sel	salt	sal

salmón, ~ a la plancha	Lachs, gebratener ~	saumon, ~ à la poêle	salmon, grilled ~	salmão, ~ grelhado
sardina	Sardine	sardine	sardine	sardinha
segundo, de ~	zweite, als ~n Gang	plat principal, comme ~	second course, for the ~	principal, prato ~
solo	nur	seul	only	só
sopa	Suppe	soupe	soup	sopa
tarta	Torte	gâteau	cake	bolo
té	Tee	thé	tea	chá
tenedor	Gabel	fourchette	fork	garfo
tequila	Tequila	téquila	tequila	tequila
tiene (tener): Aquí ~.	haben Sie: Hier ~.	Tenez (tenir) : Tenez !	Here you are.	Aqui está.
tortilla	Kartoffelomelett	omelette aux pommes de terre	omelette	tortilha de batata
traer	bringen	apporter	to bring	trazer
vainilla	Vanille	vanille	vanilla	baunilha
yogur	Joghurt	yaourt	yoghurt	iogurte
zanahoria	Möhre	carotte	carrot	cenoura
zumo, ~ de naranja	Saft, Orangen~	jus, ~ d'orange	juice, orange ~	suco, ~ de laranja

Lección 4: Ha sido un día normal

	Alemán	Francés	Inglés	Portugués
abierto (abrir)	geöffnet (öffnen)	ouvert (ouvrir)	open (to open)	aberto (abrir)
apagar	ausmachen	éteindre	to turn off	apagar
aparcamiento	Parkplatz	place de parking	parking bay	estacionamento
así que	also	donc	so	portanto
asignatura	Fach	matière	subject	matéria
avería	Panne	panne	problem, fault	defeito
¡bah!	*Missfallensausdruck*	Bah !	bah!	ah!
bañarse	baden	se baigner	to take a bath	tomar banho
bici	Fahrrad	vélo	bike	bicicleta
camino: por el ~	Weg: auf dem ~	chemin : en ~	way: on the ~	caminho: pelo ~
caña	Glas gezapftes Bier	bière pression	small glass of beer	chope
carta comercial	Geschäftsbrief	lettre commerciale	business letter	carta comercial
conocido	Bekannte	connaissance	acquaintance	conhecido
descubierto (descubrir)	entdeckt (entdecken)	découvert (découvrir)	identified (to identify)	descoberto (descobrir)
despertador	Wecker	réveil	alarm clock	despertador
despertarse	aufwachen	se réveiller	to wake up	despertar-se
día: cada ~	Tag: jeden ~	jour : chaque ~	day: every ~	dia: cada ~
diario	Tagebuch	journal intime	diary	diário
dicho (decir)	gesagt (sagen)	dit (dire)	said (to say)	dito (dizer)
dormirse	verschlafen	ne pas se réveiller	to oversleep	adormecer
encontrar, ~se con alguien	finden, sich mit jemandem treffen	rencontrer, ~ quelqu'un	to find, to run into someone	encontrar, ~ alguém
escrito (escribir)	geschrieben (schreiben)	écrit (écrire)	written (to write)	escrito (escrever)
esperar	warten	attendre	to expect	esperar
ganas, tener ~ de	Lust, ~ haben	envie, avoir ~ de	to feel like	vontade, ter ~ de
hace, ~ una hora	vor/seit, ~ einer Studen	il y a, ~ une heure	ago, an hour ~	faz, ~ uma hora
hecho (hacer)	gemacht (machen)	fait (faire)	done (to do)	feito (fazer)
Historia	Geschichte	Histoire	History	História
hombre	Mann	Ça alors !	guy	menino, cara
luego	dann	ensuite	later	depois
mañana: esta ~	Morgen: heute ~	matin : ce ~	morning: this ~	manhã: esta ~
mencionar	erwähnen	mentionner	to mention	mencionar
mujer	Frau (*Anrede oder Füllwort*)	femme	guy	menina, mulher
oír	hören	entendre	to hear	ouvir
pena: una ~	schade: ~ sein	dommage : c'est ~	pity: a ~	pena: uma ~
peor	schlechter	pire	worse	pior
perder	verpassen	rater	to miss	perder

perdonar: perdona por...	entschuldigen: entschuldige...	s'excuser : Excuse-moi pour...	to forgive: forgive me for...	desculpar: desculpe-me por...
pijama	Schlafanzug	pyjama	pyjamas	pijama
ponerse	anziehen	mettre	to put on	colocar
poquísimo	sehr wenig	très peu	very little	pouquíssimo
preocuparse: No te preocupes.	sich Sorgen machen: Mach dir keine Sorgen.	s'inquiéter : Ne t'inquiète pas.	to worry: Don't worry.	preocupar-se: Não se preocupe.
puesto (poner)	angezogen (anziehen), haben	mis (mettre)	put (to put)	posto (pôr)
quitarse	ausziehen	enlever	to take off	tirar
rato	Weile	instant	little while	momento
realmente	wirklich	réellement	really	realmente
recoger, ~ la mesa	abräumen, den Tisch ~	débarasser, ~ la table	to tidy up, to clear the table	arrumar, tirar a mesa
retrasarse	Verspätung haben	être en retard	to be delayed	atrasar-se
roto (romper)	gebrochen (brechen)	cassé (casser)	broken (to break)	quebrado (quebrar)
salir	losgehen	sortir	to leave	sair
siento (sentir): Lo siento.	ich fühle (fühlen): Es tut mir leid.	être désolé(e) : Je suis désolé(e).	I feel sorry (to feel sorry): I'm sorry.	sinto (sentir): Sinto muito.
sitio	Ort	lieu	place	lugar
sonar	klingen	sonner	to ring	tocar
subir	hinaufgehen, einsteigen	monter	to go up	subir
título	Titel	titre	title	título
tráfico	Verkehr	circulation	traffic	trânsito
verdad: de ~	Wahrheit: wahrhaftig	vrai : vraiment	truth: really	verdade: de ~
vez	Mal	fois	time	vez
visto (ver)	gesehen (sehen)	vu (voir)	seen (to see)	visto (ver)
vuelto (volver)	zurückgekommen (zurückkommen)	revenu (revenir)	returned (to return)	voltou (voltar)

Lección 5: Experiencias y opiniones

	Alemán	Francés	Inglés	Portugués
acuerdo: estar de ~ (con)	Einverständnis: einverstanden sein (mit)	accord : être d' ~	agreement: to agree (with)	acordo: concordar (com)
alguien	jemand	quelqu'un	somebody	alguém
aún no	noch nicht	pas encore	not yet	ainda não
camello	Kamel	chameau	camel	camelo
carne	Fleisch	viande	meat	carne
centro de arte	Kunstcenter	musée	art centre	centro de arte
cocido madrileño	Madrider Eintopf	cocido madrilène (pot-au-feu madrilène)	chickpea-based stew from Madrid	cozido madrilenho (prato de grãos de bico cozidos típico de Madri)
contigo	mit dir	avec toi	with you	contigo, com você
continente	Erdteil	continent	continent	continente
corrige (corregir)	korrigieren	il/elle corrige (corriger)	he/she corrects (to correct)	corrige (corrigir)
cosa de valor	Wertsache	objet de valeur	valuable object	coisa de valor
digo (decir)	ich sage (sagen)	je dis (dire)	I say (to say)	digo (dizer)
enamorarse	sich verlieben	tomber amoureux	to fall in love	apaixonar-se
entonación	Tonfall	intonation	intonation	entonação
entonar	aussprechen (*in Bezug auf den Tonfall)*	prononcer	to intonate	entonar
experiencia	Erfahrung	expérience	experience	experiência
fonética	Phonetik	phonétique	phonetics	fonética
importar	gleich sein	être important	to matter	importar
lentamente	langsam	lentement	slowly	lentamente
locamente	wahnsinnig	follement	madly	loucamente
objetivo	Ziel	objectif	objective	objetivo
oigo (oír)	ich höre (hören)	j'entends (entendre)	I hear (to hear)	ouço (ouvir)
opinión, en mi ~	Meinung, meiner ~ nach	avis, à mon ~	opinion, in my ~	opinião, na minha ~
palacio, ~ real	Palast, könglicher ~	palais, ~ royal	palace, royal ~	palácio, ~ real
parecido	ähnlich	semblable	similar	parecido
piensa (pensar)	er denkt (denken)	il/elle pense (penser)	he/she thinks (to think)	pensa (pensar)
pienso (pensar)	ich denke (denken)	je pense (penser)	I think (to think)	penso (pensar)
plaza mayor	großer Platz	grand place	main square	praça central
poema de amor	Liebesgedicht	poème d'amour	love poem	poema de amor
probar	probieren	goûter	to try	experimentar
pronunciar	aussprechen	prononcer	to pronounce	pronunciar
público: en ~	Publikum: vor ~	public : en ~	public: in ~	público: em ~

razón	Grund	raison	reason	razão
safari	Safari	safari	safari	safári
serpiente	Schlange	serpent	snake	serpente
todavía no	noch nicht	pas encore	not yet	ainda não
turrón	typische Süßigkeit zu Weihnachten	touron (nougat typique de Noël en Espagne)	traditional Spanish Christmas sweet	torrone (doce típico natalino na Espanha)
vez: alguna ~	Mal: irgendwann	fois : une ~	time: ever	vez: alguma ~
ya	schon	déjà	already	já

Lección 6: Ropa y complementos

	Alemán	Francés	Inglés	Portugués
abrigo	Mantel	manteau	coat	casaco
azul marino	dunkelblau (marineblau)	bleu marine	navy blue	azul-marinho
bañador	Badeanzug, -hose	maillot de bain	bathing suit	maiô
biquini	Bikini	bikini	bikini	biquíni
blusa	Bluse	chemisier	blouse	blusa
bota	Stiefel	botte	boot	bota
braga	Schlüpfer	culotte	knickers	calcinha
bufanda	Schal	écharpe	scarf	cachecol
caja	Kasse	caisse	till	caixa
calcetines	Socken	chaussettes	socks	meias
calzoncillos	Unterhose	slip	men's underpants	cueca
camisa	Hemd	chemise	shirt	camisa
camiseta	T-Shirt	t-shirt	t-shirt	camiseta
cazadora	Sport-, Windjacke	blouson	jacket	jaqueta
chaqueta, ~ de señora	Jacke, Frauen~	veste, ~ de femme	jacket, women's ~	blazer, ~ feminino
color	Farbe	couleur	colour	cor
cómodo	bequem	confortable	comfortable	confortável
corbata	Krawatte	cravatte	tie	gravata
cuesta (costar): ¿Cuánto ~?	es kostet (kosten): Wie viel kostet es?	ça coûte (coûter) : Combien ~ ?	it costs (to cost): How much does it cost?	custa (custar): Quanto ~?
de: ~ tela	aus: ~ Stoff	en : ~ tissu	of: cloth	de: ~ pano
falda	Rock	jupe	skirt	saia
final: al ~	Ende: hinten	bout : au ~	end: at the ~	final: ao ~
fondo: al ~	Hintergrund: hinten	fond : au ~	back: at the ~	fundo: ao ~
gorra	Mütze	casquette	cap	boné
gris	grau	gris	grey	cinza
guante	Handschuh	gant	glove	luva
incómodo	unbequem	peu confortable	uncomfortable	desconfortável
jersey	Pullover	pull	sweater	blusa
la	sie (*fem., sing. Akkusativ*)	la	it	a
las	sie (*fem., plural, Akkusativ*)	les	them	as
lo	ihn (*mask., sing., Akkusativ*)	le	it	o
los	sie (*mask., plural, Akkusativ*)	les	them	os
más... que...	mehr... als...	plus... que...	more... than...	mais... que...
mayor	größer	plus grand	larger	maior
medias	Strümpfe	collant	stockings	meias

menor	kleiner	plus petit	smaller	menor
menos... que...	weniger... als...	moins... que...	less... than...	menos... que...
modelo	Modell	modèle	design	modelo
pantalones de vestir	elegante Hose	pantalon	dress trousers	calça social
pañuelo	Tuch	foulard	scarf	lenço
para	für	pour	for	para
pasar por: Pase por caja, por favor.	hingehen zu: Gehen Sie bitte zur Kasse.	passer à : Passez à la caisse s'il-vous-plaît.	Check out at the till, please.	Pague no caixa, por favor.
probador	Anprobekabine	cabine d'essayage	dressing room	provador
probarse	anprobieren	essayer	to try on	experimentar
quedar: Me queda bien.	stehen: Es steht mir gut.	aller bien : Ça me va bien.	to fit: It fits me well.	ficar: Fica bem em mim.
sombrero	Hut	chapeau	hat	chapéu
sujetador	Büstenhalter	soutien-gorge	brassière	sutiã
talla	Größe	taille	size	tamanho
tan... como...	so... wie	aussi... que...	as... as...	tanto... quanto...
tela	Stoff	tissu	material	tecido
tienda de ropa	Kleidergeschäft	magasin de vêtements	clothing store	loja de roupa
traje	Anzug	costume	suit	terno
vaqueros	Jeans	jeans	jeans	jeans
¿verdad?	oder?	N'est-ce-pas ?	right?	não é?
vestido	Kleid	robe	dress	vestido
zapato	Schuh	chaussure	shoe	sapato

Lección 7: ¡Feliz cumpleaños!

	Alemán	Francés	Inglés	Portugués
acuerdo (acordarse): No me acuerdo.	ich erinnere (sich erinnern): Ich erinnere mich nicht.	je me souviens (se souvenir) : Je ne me souviens pas.	I remember (to remember): I don't remember.	lembro (lembrar-se): Não me lembro.
amarillo	gelb	jaune	yellow	amarelo
cada	jede	chaque	each	cada
canapé	Kanapee	canapé	canapé	canapé
casi, casi	fast, fast	presque	just about	quase, quase
CD	CD	CD	CD	CD
coger (comida)	nehmen (Essen)	se servir (repas)	to take (food)	pegar (comida)
cumpleaños, feliz ~	Geburtstag, herzlichen Glückwunsch zum ~	anniversaire, bon ~	birthday, happy ~	aniversário, feliz ~
después	später	après	later	depois
día: todos los ~s	Tag: jeden ~	jour : tous les ~	day: every ~	dia: todos os ~s
esperar	warten	attendre	to wait for	esperar
felicidades	herzlichen Glückwunsch	Bon anniversaire !	congratulations	parabéns
felicitar	beglückwünschen	souhaiter	to congratulate	parabenizar
idea: buena ~	Idee: gute ~	idée : bonne ~	idea: good ~	ideia: boa ~
infusión	Kräutertee	infusion	infusion	infusão, chá
mar	Meer	mer	sea	mar
morir	Sterben	mourir	to die	morrer
original	originell	original	unique	original
parecer: Me parece que...	glauben: Ich glaube, dass...	sembler : Il me semble que...	I think that...	Achar: Acho que...
pendientes	Ohrringe	boucles d'oreilles	earrings	brincos
puedo (poder): Ya no puedo más.	ich kann (können): Ich kann nicht mehr.	je peux (pouvoir) : Je n'en peux plus.	I can (to be able): I can't eat/drink anything else.	posso (poder): Não aguento mais.
regalar	schenken	offrir	to give (as a gift)	dar de presente
responder	antworten	répondre	to answer	responder
sentarse	sich setzen	s'assoir	to sit down	sentar-se
toma	hier	tiens	here	toma
trozo	Stück	morceau	piece	pedaço
tuyo: el ~	dein	tien : le ~	of yours: yours	teu, o ~
ver: a ~	sehen: al ~	voir : voyons voir	to see: let's see	ver: vejamos
vestirse	sich anziehen	s'habiller	to get dressed	vestir-se

Lección 8: Contar un viaje

	Alemán	Francés	Inglés	Portugués
actividad	Aktivität	activité	activity	atividade
¿Adónde?	Wohin?	où ?	where?	Onde?
alojamiento	Unterkunft	logement	accommodation	hospedagem
alojarse	unterkommen	se loger	to stay	alojar-se
anteayer	vorgestern	avant-hier	the day before yesterday	anteontem
autoestop, hacer ~	Autostopp, trampen	auto-stop, faire de l' ~	hitchhiking, to hitchhike	carona, pedir ~
beso: un ~	Kuss: sei geküsst	bises	kiss: kisses	beijo: um ~
***camping*, ir de ~**	Campingplatz, zelten	camping, aller camper	camping, to go ~	*camping*, acampar
catedral	Dom	cathédrale	cathedral	catedral
correo	Post	courrier	e-mail address	correio
de: el 12 ~ mayo ~ 2015	von: der 12. Mai 2015	le 12 mai 2015	of: the 12th ~ May, 2015	de: 12 ~ maio ~ 2015
desayuno	Frühstück	petit déjeuner	breakfast	café da manhã
desde	aus	de	from	de
día, el otro ~	Tag, neulich	jour, l'autre ~	day, the other ~	dia, outro ~
en: ~ mayo de 2015	in: ~ Mai 2015	en : ~ mai 2015	in: ~ May 2015	em: ~ maio de 2015
excursión, ir de ~	Ausflug, einen ~ machen	excursión, partir en ~	trip, to go on a ~	excursão, fazer uma ~
gótico	gotisch	gothique	Gothic	gótico
maleta, hacer la ~	Koffer, die ~ packen	valise, faire la ~	suitcase, to pack one's ~	mala, fazer a ~
pasado, el mes ~	vergangen, ~er Monat	dernier, le mois ~	last, ~ month	passado, no mês ~
pasar, ~ unos días en el campo	verbringen, einige Tage auf dem Land ~	passer, ~ quelques jours à la campagne	to spend, ~ a few days in the country	passar, ~ alguns dias no campo
paseo, dar un ~	Spaziergang, spazieren gehen	promenade, faire une ~	walk, to go for a ~	passeio, dar um ~
pensión: media ~	Pension: Halb~	pension : demi-~	accommodation: half board	pensão: meia ~
pensión completa	Vollpension	pension complète	full board	pensão completa
pronto: hasta ~	bald: bis ~	bientôt : à ~	soon: see you ~	logo: até ~
régimen de alojamiento	Unterkunftsart	type d'hébergement	type of board	regime de alojamento
reserva, hacer una ~	Reservierung, eine ~ machen	réservation, faire une ~	reservation, to make a ~	reserva, fazer uma ~
reservar	reservieren	réserver	to reserve	reservar
ver: como ves	sehen: wie du siehst	voir : comme tu le vois	to see: as you can see	ver: como você está vendo
vez: por última ~	Mal: zum letzten ~	fois : pour la dernière ~	time: the last ~	vez: pela última ~
viaje	Reise	voyage	trip	viagem
vida	Leben	vie	life	vida

Lección 9: Famosos

	Alemán	Francés	Inglés	Portugués
abuelos	Großeltern	grand-parents	grandparents	avós
accidente de tráfico	Verkehrsunfall	accident de la route	car accident	acidente de trânsito
acompañar	begleiten	accompagner	to go with	acompanhar
actuación	Auftritt	concert	performance	apresentação
actuar	auftreten	jouer	to perform	apresentar-se
agencia de noticias	Nachrichtenagentur	agence d'informations	news agency	agência de notícias
arquitectura	Architektur	architecture	architecture	arquitetura
arte	Kunst	art	art	arte
artístico	künstlerisch	artistique	artistic	artístico
Bachillerato	Abitur	Baccalauréat	certificate of secondary education	Ensino Médio
casarse	heiraten	se marier	to get married	casar-se
cerámica	Keramik	céramique	ceramics	cerâmica
Ciencias Económicas	Wirtschafts-wissenschaft	Sciences Économiques	Economics	Ciências Econômicas
citado	erwähnt	cité	aforementioned	citado
colaboración	Mitarbeit	collaboration	collaboration	colaboração
colaborar	mitarbeiten	collaborer	to collaborate	colaborar
comenzar	anfangen	commencer	to begin	começar
construcción	Bau	construction	construction	construção
consumir	konsumieren	consommer	to use	consumir
consumo de drogas	Drogenkonsum	consommation de drogues	drug use	consumo de drogas
continuar	fortsetzen	continuer	to continue	continuar
cubano	kubanisch	cubain	Cuban	cubano
datos, ~ personales	Daten, persönliche Daten	coordonnées, ~ personnelles	information, personal ~	dados, ~ pessoais
dedicarse a	sich widmen	se consacrer à	to spend one's time	dedicar-se a
Derecho	Jura	Droit	Law	Direito
descubrir	entdecken	découvrir	to discover	descobrir
divorciarse	sich scheiden lassen	divorcer	to get divorced	divorciar-se
droga	Droge	drogue	drug	droga
entrar en	eintreten	entrer à	to start, to join	entrar em
escolar	Schul-	scolaire	school	escolar
escultura	Skulptur	sculpture	sculpture	escultura
estimular	anregen	stimuler	to encourage	estimular
estudios	Ausbildung/Studium	études	studies	estudos
éxito	Erfolg	succès	success	sucesso
exposición universal	Weltausstellung	Exposition Universelle	world fair	exposição universal
falso	falsch	faux	false	falso
fantástico	fantasievoll	fantastique	fantastic	fantástico

festival	Festival	festival	festival	festival
gira, hacer una ~	Tournee, eine ~ machen	tournée, faire une ~	tour, to ~	turnê, fazer uma ~
guerra civil	Bürgerkrieg	Guerre Civile	civil war	guerra civil
hijo: tener un ~	Kind: ein ~ haben	enfant : avoir un ~	child: to have a ~	filho: ter um ~
homenaje	Ehrung	hommage	tribute	homenagem
humano	human	humain	humane	humano
humorístico	humoristisch	humoristique	humorous	humorístico
imaginativo	einfallsreich	imaginatif	imaginative	criativo
internacional	international	international	international	internacional
jubilarse	in Rente gehen	prendre sa retraite	to retire	aposentar-se
licenciarse	Universitätsabschluss machen	terminer ses études	to graduate	formar-se
literatura	Literatur	littérature	literature	literatura
mágico	magisch	magique	magical	mágico
marihuana	Marihuana	marijuana	marijuana	maconha
morirse	sterben	mourir	to die	morrer
motivo	Motiv	motif	reason	motivo
muerte	Tod	mort	death	morte
nacer	geboren werden	naître	to be born	nascer
nacimiento	Geburt	naissance	birth	nascimento
norteamericano	nordamerikanisch	nord-américain	North American	norte-americano
novelista	Romanschriftsteller	romancier	novelist	romancista
obra	Werk	œuvre	work	obra
obra de teatro	Theaterstück	pièce de théâtre	play	peça de teatro
obras	Bauten	travaux	building work	obras
pintor	Maler	peintre	painter	pintor
pintura	Malerei	peinture	painting	pintura
pobre	Arme	pauvre	poor person	pobre
político	politisch	politique	political	político
premio, ganar un ~	Preis, einen ~ gewinnen	prix, gagner un ~	award, to win an ~	prêmio, ganhar um ~
presentar	vorstellen	présenter	to present	apresentar
principal	Haupt-	principal	main	principal
prisión	Gefängnis	prison	prison	prisão
profesional	Berufs-	professionnel	professional	profissional
proyecto	Projekt	projet	project	projeto
Psicología	Psychologie	Psychologie	Psychology	Psicologia
publicar	veröffentlichen	publier	to publish	publicar
religioso	religiös	religieux	religious	religioso
siglo	Jahrhundert	siècle	century	século
social	sozial	social	social	social
tarde: más ~	spät: später	tard : plus ~	late: later	tarde: mais ~
tranvía	Straßenbahn	tramway	tram	bonde
trasladarse a	umziehen	s'installer à	to move to	mudar-se a
último	letzte	dernier	latest	último

Lección 10: Permiso y favores

	Alemán	Francés	Inglés	Portugués
ayudar	helfen	aider	to help	ajudar
basura: tirar a la ~	Müll: in den ~ werfen	poubelle, jeter à la ~	rubbish: to throw in the ~	lixo, jogar no ~
cámara (fotográfica)	Fotoapparat	appareil photo	camera	máquina (fotográfica)
chicle	Kaugummi	chewing-gum	gum	chiclete
cigarrillo	Zigarette	cigarette	cigarette	cigarro
cigarro	Zigarre	cigare	cigarette	cigarro
comer: dar de ~	essen: füttern	manger : donner à ~	to eat: to feed	comer: dar de ~
concentrarse	sich konzentrieren	se concentrer	to concentrate	concentrar-se
copiar	abschreiben	copier	to copy	copiar
dar	geben	donner	to give	dar
dejar	leihen	prêter	to lend	emprestar
encender	anmachen	allumer	to turn on	acender
explicar	erklären	expliquer	to explain	explicar
favor	Gefallen	service	favour	favor
fuego	Feuer	feu	a light	fogo
fumar	rauchen	fumer	to smoke	fumar
harto	satt	J'en ai assez.	fed up	farto
lápiz	Bleistift	crayon	pencil	lápis
letra	Buchstabe	lettre	letter	letra
llamada, ~ de teléfono	Anruf, Telefon~	appel, ~ téléphonique	call, phone ~	chamada, ~ telefônica
mismo: lo ~	selbst: dasselbe	même : la ~ chose	same: the ~ thing	mesmo: a mesma coisa
noticias	Nachrichten	informations	news	notícias, jornal
ordenador portátil	Laptop	ordinateur portable	laptop	lap top
organizar	veranstalten	organiser	to organise	organizar
oye (oír)	Hör mal!	Eh ! Écoute ! (écouter)	hey	por favor
pagar	bezahlen	payer	to pay	pagar
par: un ~ de	Paar: ein ~	paire : une ~ de	couple: a ~ of	par: um ~ de
pasear: sacar a ~	spazieren gehen: ausführen	se promener : emmener ~	to walk: to take for a walk	passear: levar para ~
permiso	Erlaubnis	permission	permission	permissão
pide (pedir)	er bittet (bitten)	il/elle demande (demander)	he/she asks for (to ask for)	peça (pedir)
planta	Pflanze	plante	plant	planta
poner (la radio)	anmachen (das Radio)	allumer (la radio)	to turn on (the radio)	ligar (o rádio)
prohibido	verboten	interdit	prohibited	proibido
recoger: ir a ~	abholen: ~	chercher : aller ~	to pick up: to go ~	pegar: ir ~

redacción	Aufsatz	rédaction	composition	redação
regar	gießen	arroser	to water	regar
servilleta	Serviette	serviette	napkin	guardanapo
significar	bedeuten	signifier	to mean	significar
subir (el volumen)	lauter machen (die Lautstärke)	monter (le son)	to turn up (the volume)	aumentar (o volume)
tarjeta de crédito	Kreditkarte	carte de crédit	credit card	cartão de crédito
traducción	Übersetzung	traduction	translation	tradução
volumen	Lautstärke	volume	volume	volume
ya: ~ está	schon: ~ fertig	ça y est	ready	pronto

Lección 11: ¿Cómo quedamos?

	Alemán	Francés	Inglés	Portugués
ah	ah so	Ah !	oh	ok
avisar	holen	appeler	to let sb know	avisar
baño	Badezimmer	salle de bains	bathroom	banheiro
cita	Verabredung	rendez-vous	date	encontro
club	club	club	club	boate
comunicar (el teléfono)	besetzt sein (das Telefon)	être occupé (le téléphone)	to be engaged (telephone line)	estar ocupado (o telefone)
contestar (al teléfono)	darangehen (ans Telefon)	répondre (au téléphone)	to answer (the phone)	atender (o telefone)
conversación telefónica	telefonisches Gespräch	conversation téléphonique	phone conversation	conversa telefônica
¿Diga?	Ja bitte?	Allô ?	Hello?	Alô?
¿Dígame?	Ja bitte?	Allô ?	Hello?	Alô?
entrada	Eintrittskarte	entrée	ticket	entrada
equivocarse (de número)	sich verwählen	se tromper	to have the wrong number	enganar-se
espectáculo	Aufführung	spectacle	show	espetáculo
estreno	Premiere	première	premiere	estreia
galería	Galerie	galerie	gallery	galeria
invitación	Einladung	invitation	invitation	convite
jazz	Jazz	jazz	jazz	*jazz*
llamar (por teléfono)	anrufen (telefonisch)	appeler (au téléphone)	to call (on the phone)	ligar (por telefone)
muy bien	sehr gut	très bien	excellent	ok
ocupado	beschäftigt	occupé	busy	ocupado
parecer: ¿Qué te parece?	finden: Wie findest du es?	penser : Qu'en penses-tu ?	What do you think?	O que você acha?
parte: ¿De ~ de quién?	Wer ist am Apparat?	part: De la ~ de qui ?	Who's calling?	Quem gostaria de falar?
partido de fútbol	Fußballspiel	match de foot	football match	partida de futebol
película de terror	Gruselfilm	film d'horreur	horror movie	filme de terror
poner (una película)	vorführen (einen Film)	passer (un film)	to show (a film)	estar passando (um filme)
ponerse (al teléfono)	darangehen (ans Telefon)	arriver (au téléphone)	to come to the phone	atender (o telefone)
posibilidad	Möglichkeit	possibilité	possibility	possibilidade
preguntar por	fragen (nach)	demander	to ask for	perguntar por
quedar: ¿Cómo quedamos?	verabreden, Wie verabreden wir uns?	se retrouver : On se retrouve quand ?	to meet: When and where shall we meet?	combinar: Como combinamos?
recado, dejar un ~	Nachricht, eine ~ hinterlassen	message, laisser un ~	message, to leave a ~	recado, deixar um ~
¿Sí?	Ja bitte?	Oui ?	Hello?	Alô?

tan: ~ pronto	so: ~ bald	si : ~ tôt	so: ~ early	tão: ~ cedo
tapa	Tapa	tapa (petit apéritif servi avec une boisson)	small appetizer served with a drink	tira-gosto que se serve com uma bebida
tomar	nehmen	prendre	to eat	comer
va (ir): No me va bien.	Das passt mir nicht.	Ça ne me convient pas.	That's not a good time for me.	Não é conveniente para mim.
vegetariano	Vegetarier	végétarien	vegetarian	vegetariano
verse	sich treffen	se voir	to meet	ver-se

Lección 12: De viaje

	Alemán	Francés	Inglés	Portugués
acabar de	etwas soeben getan haben	venir de	to have just	acabar de
antes (de)	vor, bevor	avant	before	antes (de)
autopista	Autobahn	autoroute	motorway	rodovia
billete, ~ de ida y vuelta, ~ sin reserva	Fahrkarte, Rück~, ~ ohne Reservierung	billet, ~ aller-retour, ~ sans réservation	ticket, round trip ~, ~ without a reservation	passagem, ~ de ida e volta, ~ sem reserva
buenas	Hallo	bonjour	hello	oi
cabina de teléfono	Telefonzelle	cabine téléphonique	phone booth	orelhão
castillo	Burg	château	castle	castelo
clima	Klima	climat	climate	clima
coger	nehmen	prendre	to take	pegar
comodidad	Bequemlichkeit	confort	comfort	comodidade
cómodo	bequem	commode	comfortable	cômodo
corto	kurz	court	short	curto
cruzar	überqueren	traverser	to cross	atravessar
distancia	Entfernung	distance	distance	distância
durar	dauern	durer	to last	durar
empleado	Angestellte	employé	employee	empregado
entonces	also	alors	so	então
esquina	Ecke	coin	corner	esquina
estatua	Statue	statue	statue	estátua
exacto, exactamente	genau	exactement	exactly	exato, exatamente
girar	abbiegen	tourner	to turn	virar
glorieta	Rondell	place, rond-point	roundabout	rotatória
igual: Me da ~.	gleich: Das ist mir ~.	égal : Ça m'est ~.	the same: It makes no difference to me.	igual: tanto faz
incluye (incluir)	es schließt ein (einschließen)	inclut (inclure)	it includes (to include)	inclui (incluir)
instrucciones	Anweisungen	instructions	directions	instruções
medio de transporte	Verkehrsmittel	moyen de transport	means of transport	meio de transporte
metro	Meter	métro	metre	metro
pasar (algo a alguien)	passieren (etwas jemandem)	arriver (quelque chose à quelqu´un)	to happen (something to somebody)	acontecer (alguma coisa com alguém)
plano	Stadtplan	plan	map	plano
prefieres (preferir)	du magst lieber, (lieber mögen)	tu préfères (préférer)	you prefer (to prefer)	prefere (preferir)
público	öffentlich	public	public	público
puntualidad	Pünktlichkeit	ponctualité	punctuality	pontualidade
rapidez	Schnelligkeit	rapidité	speed	rapidez

RENFE (Red Nacional de Ferrocarriles Españoles)	Staatliches Netz der spanischen Eisenbahnen	compagnie des chemins des fers espagnols	Spain's national railway network	rede ferroviária espanhola
salir	abfahren, -fliegen	partir	to leave	sair
seguridad	Sicherheit	sécurité	safety	segurança
seguro	sicher	sûr	safe	seguro
seguro de viaje	Reiseversicherung	assurance voyage	travel insurance	seguro de viagem
siga, sigue (seguir)	gehen Sie/ geh weiter (weiter gehen)	continue, continuez (continuer)	go on (to go on)	siga, segue (seguir)
todo recto	immer geradeaus	tout droit	straight on	sempre em frente
tomar	nehmen	prendre	to take	seguir
último, el ~	letzte, der ~	dernier, le ~	last, the ~ one	último, o ~
viaje: estar/ir de ~	Reise, verreist sein / verreisen	voyage : être / aller en ~	trip: to be/to go on a ~	viagem: estar viajando, viajar
vuelo	Flug	vol	flight	voo

Lección 13: ¿Qué tal el fin de semana?

	Alemán	Francés	Inglés	Portugués
aburrido	langweilig	ennuyeux	boring	chato
bien: ¡Qué ~!	gut: Super!	Super ! : C´est ~ !	good: Great!	bem: Que bom!
conferencia	Vortrag	conférence	conference	conferência
construir	bauen	construire	to build	construir
divertido	lustig	drôle	fun	divertido
divertirse	sich amüsieren	s´amuser	to have fun	divertir-se
entrevista	Interview	entretien	interview	entrevista
especial	besonders	spécial	special	especial
estupendo	toll	super	fantastic	ótimo
fiesta de cumpleaños	Geburtstagsfeier	fête d'anniversaire	birthday party	festa de aniversário
horroroso	entsetzlich	horrible	awful	horrível
musical	Musical	musical	musical	musical
ópera	Oper	opéra	opera	ópera
partido	Spiel	match	match	partida
pasárselo, ~ bien	sich amüsieren, sich gut ~	s'amuser, bien ~	to have a good time	divertir-se, ~ muito
paseo: ir de ~	Spaziergang: spazieren gehen	promenade : faire une ~	walk: to go for a ~	passeio: dar um ~
pesado	langweilig	casse-pied	boring	chato
reírse	lachen	rire	to laugh	rir
reunión de trabajo	Arbeitssitzung	réunion de travail	work meeting	reunião de trabalho
rollo: Es un ~.	stinklangweilig: Es ist ~.	ennuyant: C'est ~.	drag: It's a ~.	tédio: É um ~.
servir	bedienen	servir	to serve	servir
sierra	Bergkette	montagne	mountains	serra
suerte: ¡Qué mala ~!	Glück: Was für ein Pech!	chance : Quelle mal~ !	luck: How unlucky!	sorte: Que azar!
tranquilo	ruhig	tranquille	uneventful	tranquilo
¡Vaya!	Ausruf des Erstaunens oder der Entrüstung	Quel dommage !	Wow!	Puxa!

Lección 14: Objetos y regalos

	Alemán	Francés	Inglés	Portugués
afeitarse	sich rasieren	se raser	to shave	barbear-se
balón	Ball	ballon	ball	bola
blando	weich	mou	soft	mole
bombones	Pralinen	chocolats	chocolates	bombons
cartera	Brieftasche	portefeuille	wallet	carteira
CD-ROM	CD-ROM	CD-ROM	CD-ROM	CD-ROM
cepillarse los dientes	sich die Zähne putzen	se brosser les dents	to brush one's teeth	escovar os dentes
cepillo de dientes	Zahnbürste	brosse à dents	toothbrush	escova de dente
champú	Shampoo	shampoing	shampoo	xampu
claro	hell	clair	light	claro
colonia	Parfüm	eau de cologne	cologne	colônia
cómic	Comic	bande dessinée	comic strip	história em quadrinhos
cristal	Glas	verre	glass	vidro
cuadrado	quadratisch	carré	square	quadrado
de: ¿~ quién es?	von: Wem gehört es?	à : ~ qui est-ce ?	Whose is it?	de: ~ quem é?
de: ¿~ qué es?	aus: Wor~ ist es gemacht?	en : C'est ~ quoi ?	of: What is it made ~?	de: do que é?
dinero	Geld	argent	money	dinheiro
documento	Dokument	pièce d'identité	document	documento
duda: sin ~	Zweifel: ~los	doute : sans ~	doubt: without a ~	dúvida: sem ~
duro	hart	dur	hard	duro
encendedor	Feuerzeug	briquet	lighter	isqueiro
fin: en ~	Ende: letzten Endes	fin : en~	end: anyway	fim: enfim
flor	Blume	fleur	flower	flor
forma	Form	forme	shape	forma
gracias a	dank	grâce à	thanks to	graças a
interés	Interesse	intérêt	interest	interesse
jabón	Seife	savon	soap	sabonete
joya	Juwel	bijou	jewellery	joia
juego de ordenador	Computerspiel	jeu d'ordinateur	computer game	jogo de computador
juguete	Spielzeug	jouet	toy	brinquedo
ligero	leicht	léger	lightweight	leve
llavero	Schlüsselring	porte-clés	key ring	chaveiro
llevar	tragen	porter	to carry	ter
maquinilla de afeitar	Rasierapparat	rasoir	safety razor	aparelho de barbear, barbeador
material	Material	matériel	material	material
mediano	mittelgroß	moyen	medium	médio

metal	Metall	métal	metal	metal
mochila	Rucksack	sac-à-dos	rucksack	mochila
nariz	Nase	nez	nose	nariz
objetos personales	persönliche Gegenstände	objets personnels	personal belongings	objetos pessoais
para: ¿~ qué es?	für: Wo~ ist das?	pour : c'est ~ quoi faire ?	for: What is it ~?	para: ~ que é?
paraguas	Regenschirm	parapluie	umbrella	guarda-chuva
parecido a	ähnlich wie	semblable à	similar to	parecido com
pasta de dientes	Zahncreme	dentifrice	toothpaste	pasta de dente
peinarse	sich kämmen	se peigner	to comb one's hair	pentear-se
peine	Kamm	peigne	comb	pente
perfumarse	sich parfümieren	se parfumer	to put perfume on	perfumar-se
perfume	Parfüm	parfum	perfume	perfume
pesado	schwer	lourd	heavy	pesado
piel	Leder	cuir	leather	couro
plástico	Plastik	plastique	plastic	plástico
pluma	Füller	plume	pen	caneta
premio	Preis	prix	reward	prêmio
presentarse	sich vorstellen	se présenter	to introduce oneself	apresentar-se
protegerse del sol/ de la lluvia	sich vor der Sonne/ dem Regen schützen	se protéger du soleil/de la pluie	to protect oneself from the sun/the rain	proteger-se do sol/da chuva
recordar	erinnern	rappeler	to remember	lembrar
rectangular	rechteckig	rectangulaire	rectangular	retangular
redondo	rund	rond	round	redondo
regalo, hacer un ~	Geschenk, ein ~ machen	cadeau, faire un ~	gift, to give a ~	presente, dar um ~
secarse	sich trocknen	se sécher	to dry oneself	secar-se
significado	Bedeutung	sens	meaning	significado
sirve (servir): ~ para	es dient (dienen): ~ zu	sert : ça ~ à	it is used for	serve (servir): ~ para
tamaño	Größe	taille	size	tamanho
tarjeta, ~ de visita	Visitenkarte	carte, ~ de visite	card, business ~	cartão, ~ de visita
toalla	Handtuch	serviette	towel	toalha

Lección 15: Costumbres del pasado

	Alemán	Francés	Inglés	Portugués
abierto	offenherzig	ouvert	open	aberto
afición	Hobby	hobby	interest	hobby
alimentación	Ernährung	alimentation	diet	alimentação
amable	freundlich	aimable	kind	amável
animal	Tier	animal	animal	animal
aprobar	bestehen	réussir (un examen)	to pass	aprovar
castigar	strafen	punir	to punish	castigar
castigo	Strafe	punition	punishment	castigo
centro de estudios	Schulcenter	établissement scolaire	school	centro de estudos
chalé	Haus	maison	house	casa
costumbre	Gewohnheit	coutume	custom	costume
crear	gründen	créer	to create	criar
cultivar	anbauen	cultiver	to grow	cultivar
de: ~ pequeño	als: ~ Kind	quand : ~ j'étais petit	as: ~ a young boy/girl	de: quando era pequeno
educar	ausbilden	éduquer	to teach	educar
egoísta	egoistisch	égoïste	selfish	egoísta
época	Epoche	époque	time	época
equivalente a	Entsprechung	qui correspond à	equivalent to	equivalente a
excepto	ausgenommen	sauf	except	exceto
famoso	Berühmte	célèbre	celebrity	artista
generoso	großzügig	généreux	generous	generoso
gobernar	regieren	gouverner	to govern	governar
hasta	bis	jusqu'à	until	até
imaginar	sich ausdenken	imaginer	to imagine	imaginar
imperio	Reich	empire	empire	império
inca	Inka	Inca	Inca	inca
infancia	Kindheit	enfance	childhood	infância
lago	See	lac	lake	lago
lana	Wolle	laine	wool	lã
licor	Likör	liqueur	liquor	licor
llama	Lama	lama	llama	lhama
maíz	Mais	maïs	corn	milho
nacional	national	national	national	nacional
notas	Note	notes	marks	notas
odiar	hassen	détester	to hate	odiar
optimista	optimistisch	optimiste	optimistic	otimista
papa	Kartoffel	pomme de terre	potato	batata
pasado	Vergangenheit	passé	past	passado

piedra	Stein	pierre	stone	pedra
quechua	Quechua	quechua	Quechua	quechua
recuerdo	Erinnerung	souvenir	memory	lembrança
reservado	zurückhaltend	réservé	reserved	reservado
rubio	blond	blond	blond	loiro
sociedad	Gesellschaft	société	society	sociedade
suspender	durchfallen	rater (un examen)	to fail	ser reprovado
suspenso	durchgefallen	mauvaise note	fail	reprovação
tejado	Dach	toit	roof	telhado
tolerante	tolerant	tolérant	tolerant	tolerante
travesura: hacer ~s	Streich: ~e spielen	bêtise : faire des ~s	prank: to play ~s	travessura: fazer ~s
travieso	mutwillig	espiègle	mischievous	travesso
zona	Gebiet	région	area	zona